Terry Lynn Taylor: Die Engel waren zur Stelle

Terry Lynn Taylor

Die Engel
waren zur Stelle

Wunderbare Berichte vom
hilfreichen Wirken höherer Wesen

Titel der amerikanischen Originalausgabe:
»Answers from the Angels«
H. J. Kramer Inc.
P. O. Box 1082, Tiburon, CA 94920, USA
© 1993 Terry Lynn Taylor

Deutsche Übersetzung: Edith Zorn

Das Titelbid zeigt ein Gemälde
von Wivica

Layout: Annette Wagner

1. Auflage 1994
© Aquamarin Verlag
Voglherd 1 · D-85567 Grafing

Herstellung: P & P Lichtsatz, Grafing
ISBN 3-89427-046-2

Inhaltsverzeichnis

Dieses Buch widme ich den vielen Menschen, mit denen ich in Briefkontakt stand. Ich möchte hiermit ihre Offenheit würdigen. Mögen die Engel sie mit Wohlwollen, Kreativität und immerwährender göttlicher Inspiration segnen.

T.L.T.

Vorwort der Herausgeber
der amerikanischen Ausgabe

An unsere Leser

Mit den von uns veröffentlichten Büchern wollen wir zu einer besseren Welt beitragen, die auf Zusammenarbeit, nicht auf Wettstreit setzt; die sich um den Geist des Menschen bemüht und nicht Selbstzweifel nährt; die darum weiß, daß die gesamte Menschheit miteinander verbunden ist. Unser Ziel liegt darin, möglichst viele Leser mit der Botschaft der Hoffnung auf eine bessere Welt zu berühren.

Hal und Linda Kramer, Herausgeber

Vorwort

Engel sind äußerst sanft. Sie führen dich bei Tag und Nacht. Geheimnisvollerweise kann man sie mit den physischen Augen nicht wahrnehmen. Engel sind Boten Gottes. Sie bemühen sich darum, traurige Menschen glücklich zu machen und glücklichen Menschen dabei zu helfen, glücklich zu bleiben.

Engel sind wunderschöne geflügelte Wesen, die uns umschweben. Solltest du es noch nicht wissen, du und ich, wir alle haben in jedem Augenblick einen Engel an unserer Seite, einen Engel, der unserem Gewissen sagt, was recht und was unrecht ist. Diese Engel werden „Schutzengel" genannt.

Elisabeth Ann Godfrey (11 Jahre)
Colorado

Fast täglich erreichen mich durch die Post Hoffnung und Inspiration. In meinem ersten Buch, *Warum Engel fliegen können,* bat ich meine Leser darum, mir Engel-Erfahrungen, Gedichte und Engel-Gebete zukommen zu lassen. Menschen aus aller Welt haben meiner Bitte Folge geleistet. Diese Briefe lassen mich einen Aspekt des Lebens erkennen, der mein Herz erwärmt und wie Musik in meiner Seele erklingt, sie sind das, was wir kaum jemals in den Zeitungen zu lesen oder in den Abendnachrichten zu sehen bekommen. Diese Briefe sollen nun veröffentlicht werden. Die Engel veranlassen uns, unsere wunderbaren Erfahrungen mit anderen zu teilen, um das Wissen um die

Engel auf diesem Planeten zu fördern und unsere Mitmenschen auf ihrem geistigen Pfad zu unterstützen.

Die Lektüre der Engel-Erfahrungen trägt dazu bei, unser eigenes Engel-Bewußtsein zu stärken, und es zeigt uns, daß wir nicht allein sind. Die Gegenwart der Engel offenbart sich uns ebenso, wie wir die Menschen „gleichen Geistes" wahrnehmen. Die Verfasser der Briefe beschreiben nicht nur Wege, auf denen die Engel mit den Menschen in Kontakt treten, sondern können uns darüber hinaus noch zahlreiche andere Dinge lehren. Einige schreiben über Techniken und Übungen, die ihr Leben in Fluß halten und ihre persönlichen spirituellen Ideale sowie ihre geistige Einstellung stärken. Ich erhielt Briefe von wahren Philosophen. Das *Oxford American Dictionary* erläutert Philosophie als „die Suche nach dem Verständnis der grundlegenden Wahrheiten und Prinzipien des Universums, des Lebens, des sittlichen Verhaltens und der menschlichen Erkenntnis". Jene Briefschreiber mögen sich zwar selbst nicht als Philosophen sehen, doch nahezu jeder, der auf dem geistigen Pfad nach Wahrheit strebt, ist ein Philosoph. Der Einblick in die Philosophie unserer Mitmenschen mag uns erleuchten und inspirieren. Ihren Gedanken und Gefühlen auf geistiger Ebene nachzuspüren, hilft uns dabei zu erkennen, daß wir uns trotz unserer Individualität in vieler Hinsicht gleichen und miteinander verbunden sind. Die geistigen Erfahrungen anderer Menschen lassen uns erkennen, daß wir uns gegenseitig belehren können. Jeder einzelne von uns vermag in seiner eigenen, besonderen Weise das Engel-Bewußtsein zu fördern.

Engel sind Boten der höchsten göttlichen Energie im Universum – sind Boten Gottes. Engel wollen nicht verehrt werden, das sollte man stets beachten. Sie bringen uns die Freude als ein Geschenk Gottes. Engel sind unsere geistigen Helfer. Sie möchten, daß wir in Einklang mit den höchsten, göttlichen Prinzipien des Universums leben. K. Martin-Kuri, eine Wissende um die Engel, mahnt: „Engel niemals als persönliche Sklaven oder Stellvertreter Gottes zu behandeln." Man sollte in ihnen vielmehr stets Diener Gottes sehen, "Vertreter des Managements vor Ort", denen Anerkennung, nicht Anbetung, gebührt. Martin-Kuri erwähnt ebenfalls, daß die Engel nicht genügend beachtet wurden und man ihnen für ihre Arbeit zum Wohle der Menschen nur selten Dank zollte. Ich glaube, dies ändert sich. Im folgenden werden Menschen, die von Engeln berührt wurden, ihre Dankbarkeit zum Ausdruck bringen.

Einige allgemeingültige Charakteristika gehen aus den Engel-Botschaften hervor:

Wir sind nicht allein.
Wir werden beschützt.
Alles wird gut werden.
Auch das wird vorübergehen.
Halte inne und lache.
Sei heiter und nimm die Dinge nicht allzu ernst. Du wirst dadurch zu mehr Klarheit und Kreativität in deinem Leben gelangen – und viel mehr Spaß haben!
Der geistige Pfad ist ein Weg der Heiterkeit und der Freude.
In einer Welt voller Dunkelheit und Trübsal fällt es nicht leicht, auf dem geistigen Pfad zu wandeln.
Die Liebe und Freude der Engel stehen uns stets zur Verfügung, um unseren Weg zu erhellen und unserem Leben eine tiefere Bedeutung zu verleihen.

Wie dunkel die übrige Welt auch erscheinen mag, das Leben kann dennoch wunderbar und voller Freude sein.

Denken Sie daran, was Anne Frank äußerte, als sie unter schrecklichen Umständen in einer der dunkelsten Phasen der Geschichte lebte: „Trotz allem glaube ich an das Gute im Herzen eines jeden Menschen." Die Menschen *sind* tatsächlich gut in ihren Herzen. Jedesmal, wenn ich meine „Engel-Post" öffne, werde ich an diese Wahrheit erinnert.

Die Engel lehren uns, den Frieden Gottes – den wahren geistigen Frieden – in die Welt hinauszutragen. Wir lernen, uns nicht über Nichtigkeiten aufzuregen. Müssen wir Schlange stehen oder hinter einem langsam fahrenden Auto fahren, beginnen wir allmählich zu verstehen, daß uns diese Verzögerung vielleicht vor etwas Negativem bewahrt, das eingetreten wäre, hätten wir uns ungeduldig vorgedrängt. Verlassen wir unser Zuhause mit dem Frieden Gottes und der Engel in unserem Innern, weben wir ein magisches Muster im Universum und werden in bedeutungsvoller Weise belohnt werden. Gewinnt das Leben einen Sinn, wird es unbezahlbar, wird es wert, in seiner ganzen Fülle gelebt zu werden. Die Lektüre dieser Briefe wird zeigen, wie uns die Engel unterstützen, unseren Lebenssinn zu finden.

Ich wählte die Briefe für das vorliegende Buch mit dem Herzen aus. Das heißt, ich spürte, daß gewisse Briefe Menschen in einem entscheidenden Zeitpunkt ansprechen würden – daß persönliche Erfahrungen von Lesern jenen in den Briefen beschriebenen ähneln würden und sie die Wege, auf denen ihnen Engel beistehen werden, erkennen können. Andere Briefe regen die Leser vielleicht dazu an, kreative Projekte in Angriff zu nehmen, zu denen ihnen bislang der Mut fehlte. Sollte Sie ein Brief wirklich ansprechen, stärken Sie sich selbst und den Schreiber, indem Sie den Engeln für ihre Hilfe und Inspiration danken. Danken Sie dann Gott. Erfreuen Sie sich an den für Sie und von Ihnen über Ihre unsichtbaren Helfer, die Engel, geschriebenen Briefen. Lesen Sie einen Brief pro Tag. Lassen Sie Ihre Studiengruppe über Engel daran teilhaben. Seien Sie glücklich, daß Sie der Menschheitsfamilie, den Kindern Gottes, angehören.

Über die Briefe

Die meisten Briefe, die ich erhalten habe, sind eine Reaktion auf das Buch, *Warum Engel fliegen können*. Andere Briefschreiber antworteten auf ein Rundschreiben mit dem Titel: *„Engel können fliegen"*, das ich vierteljährlich herausgebe. Man schreibt mir zum Beispiel über Zeichen, Wunder und so weiter, bezogen auf Beiträge in diesen Rundschreiben.

Bitte lesen Sie diese Briefe unvoreingenommen. Sollten Sie auf eine Meinung stoßen, die von der Ihren abweicht, behalten Sie im Auge, daß es keine „richtigen" oder „falschen" Ansichten gibt, nur unterschiedliche oder gleiche. Es gibt keine richtigen oder falschen Religionen, keine richtigen oder falschen Wege zu Gott. Wenn wir den geistigen Pfad in der aufrichtigen Absicht betreten, unseren freien Willen dazu zu nutzen, Gott zu lieben, selbst wenn wir auf Abwege geraten, werden wir schließlich jene Richtung einschlagen, die uns aufwärts führt, um unsere menschlichen Kämpfe zu transzendieren und das große

Bild zu erkennen. Sollten Sie mit dem einen oder anderen nicht einverstanden sein, betrachten sie es lediglich als Gedankennahrung.

Alle Briefe wurden mit Zustimmung der Autoren veröffentlicht und Namen sowie Ortsangaben in der erbetenen Weise aufgeführt. Auf Stil und Klarheit wurde feinsinnig und liebevoll geachtet. Die folgenden Zeilen geben das Wesen der Engel-Briefe wieder.

Bea Rowley
Victoria, British Columbia, Canada

Engel-Briefe

Engel-Briefe sind die aufregendste Art der „Luftpost"
—
zart wie Schneeflocken.
Ein fröhlicher Anstoß, der dich wissen läßt,
daß unmittelbar jenseits des Sichtbaren
deine Welt in regenbogenfarbenem Licht erstrahlt,
erfüllt von der Freude der Engel,
und daß du eingeladen bist,
jene Engel-Botschaften, die du bisher überhört hast,
nun wahrzunehmen,
dich von ihnen inspirieren zu lassen
und dich an ihnen zu erfreuen.
Du bist einer der Adressaten.

Danksagungen

Dieses Buch wurde in Zusammenarbeit mit vielen Engeln verfaßt. Daher möchte ich als erstes allen Engeln danken, die jene Briefschreiber inspirierten, sich mir mitzuteilen. Ich kann meiner Dankbarkeit ihnen gegenüber, ihnen, die meinem Leben so großen Segen brachten, gar nicht genügend Ausdruck verleihen. Ich fühle mich geehrt und bevorzugt, jeden Tag soviel Liebe und Weisheit per Post zu erhalten. Alle Leser, die ihre Briefe für dieses Buch bereitstellten, handelten im Geiste der Engel. Bereitwillig gaben sie mir Einblick in ihre persönlichen Erfahrungen, damit andere, die in unsicheren Zeiten ihres Lebens vielleicht der Hoffnung bedürfen, sie erreichen können. Die Freundlichkeit und Großzügigkeit jedes einzelnen, der zu diesem Buch beitrug, überwältigten mich, und ich danke jedem von ihnen.

Folgenden Personen, die an der Produktion und Gestaltung des Buches mitwirkten, möchte ich meinen tiefempfundenen Dank aussprechen: Meinen Verlegern, Hal und Linda Kramer, die ein besonderes Interesse für das vorliegende Konzept bekundeten und mir erneut eine Gelegenheit boten, die wunderbaren, freizügig geschenkten Segnungen der Engel mit anderen zu teilen. Mein Dank gilt Linda, die eine ihrer Engelerfahrungen, die zum Eckstein des Achten Kapitels wurde, für dieses Buch zur Verfügung stellte. Ich danke Nancy Grimley Carleton aus Berkeley, Kalifornien, für ihre liebevolle, feinfühlige Sachkenntnis bei der Herausgabe sowie dafür, daß sie sich die Zeit nahm, einen besonderen Brief für Kapitel 8 zu schreiben. Ich danke Tim Gunns für seine moralische Unterstützung, seine Liebe und Ermutigung, die mir oftmals halfen, mich auf das Entstehen dieses Buches zu konzentrieren. Seine Liebe hat mein Leben und meine Kreativität in vieler Hinsicht bereichert. Danken möchte ich auch meiner Familie für ihre bedingungslose Liebe, ihren Humor und ihre Kraft. Mein Dank gilt insbesondere meiner Schwester Kathy, die mich während des schweren Erdbebens moralisch unterstützte. Shannon Boomer und Linda Hayden danke ich für ihre vorbehaltlose Freundschaft und ihre Beiträge zu diesem Buch, vor allem Shannon, für ihre unschätzbaren Hinweise hinsichtlich einer früheren Version des Manuskripts. Mein Dank gilt Kathy Faulstich, Cheri Leslie, Uma Ergil, Bill Sotelo, Bill Jovanovic, Suzanna Solomon, K. Martin-Kuri, Lori Jean Flory, Sol Ta Triane, Elizabeth Ann Godfrey, Beverly Hale-Watson, Cher Jung, Joan Wilen, Lydia Wilen, Larayne Gordon und Pam Watson für ihre besondere Unterstützung bei dem vorliegenden Buch sowie für ihre Bemühungen um ein immer stärker werdendes Bewußtsein von der Existenz der Engel. „Niemand, der Freunde sein eigen nennt, ist ein Versager!"

1
Einführung in die Welt der Engel

In dem Augenblick, in dem wir eine persönliche Beziehung zu den Engeln aufbauen, treten sie in unser Bewußtsein ein. Jeder von uns nennt einen Schutzengel, der stets an seiner Seite steht, sein eigen, so daß wir im Grunde genommen schon immer mit den Engeln verbunden waren, inbesondere in unserem Herzen und unserer Seele. Engelbewußtsein ist jedoch noch mehr. Es beginnt, sobald wir für die Gegenwart der Engel, für die Möglichkeiten und Wunder, die sie unserem Leben schenken, erwachen. Eine persönliche Beziehung zu den Engeln läßt sich auf einfache Weise herstellen. Du mußt nicht unbedingt an sie glauben. Beginne damit, dich für die Wege der Engel zu öffnen, und du wirst ihr wundersames Wirken erkennen. Dann brauchst du nicht mehr zu glauben, du weißt.

Wenn du „Engel-bewußt" geworden bist, wirst du auf deine eigene Art und Weise eine Beziehung zu ihnen aufnehmen wollen. Manche Menschen unterhalten sich mit ihnen wie mit einem Freund. Andere schreiben ihnen Briefe. Die Engel ihrerseits treten mit uns durch Inspiration oder kleine Hinweise in Verbindung. Während dunkler Zeiten mögen sie uns humorvoll aufheitern; oder sie lassen uns auf wunderbare Zufälle oder Synchronizitäten stoßen, um uns damit zu sagen, daß alles in Ordnung ist. Einige Briefschreiber weisen auf die Engelkarten* hin. Es handelt sich dabei um einen Satz von zweiundfünfzig Karten, von denen eine jede die Zeichnung eines Engels bei irgendeiner Tätigkeit sowie ein einzelnes Wort trägt. Es finden sich unter anderem

---

* Die deutsche Ausgabe ist im Greuthof-Verlag erschienen.

die Worte „Freude", „Klarheit", „Synthese" und „Kreativität".

Da wir alle einmalige Wesen sind, drücken wir unsere Beziehung zu den Engeln auf einzigartige Weise aus. Das folgende Kapitel wird von den Wundern berichten, die uns die Engel bringen, sobald wir sie in unserem Leben als Mitschöpfer unseres Schicksals willkommen heißen.

Shannon
Venice, Kalifornien

Es liegt bereits einige Jahre zurück, als ich durch die Auflösung meiner zehnjährigen Ehe eine lange Depressionsphase durchgestanden hatte. Vermutlich war mir die ungeheure Last dieser Beziehung, beziehungsweise die mangelnde geistige Basis, nicht eher bewußt geworden. Eine höchst erstaunliche Neubelebung kindlicher Einfalt und Gottvertrauens wurde mir zuteil. Die wunderbare Gabe der Unschuld läßt sich mit nichts vergleichen. Für die Befreiung von der Bürde der Schuldgefühle und Selbstvorwürfe werde ich Gott stets meine liebende Dankbarkeit erweisen. Während jener Zeit begann ich, die Gegenwart der Engel zu spüren.

Ihren zarten Beistand vermag ich nur schwerlich zu beschreiben. Feinsinnig heilten sie mein Herz. Ich blühte auf und blickte froh und hoffnungsvoll in die Zukunft. Mein Äußeres begann, sich zu verjüngen, und eine nie zuvor gekannte Vitalität ging von mir aus.

Das Gefühl tiefer Dankbarkeit ließ mich unaufhörlich beten. Doch in meiner geistigen Unmündigkeit bat ich um Dinge, die besser unerfüllt geblieben wären. Doch das hat nichts zu sagen! Während dieser gnadenreichen Zeit sandten mir die Engel Geschenke, um mich zu trösten und mich wissen zu lassen, daß ich niemals allein gewesen war.

Eines Tages fuhren mein Sohn Gideon und ich die Hauptstraße entlang auf unser Haus zu. Auf einmal sah ich an der Ecke, wo wir wohnten, auf der Straße etwas Goldenes aufblitzen. Ich brauchte einige Sekunden, um es mit meinem Verstand zu registrieren und brachte den Wagen genau an der Stelle zum Stehen, an der wir gewöhnlich in unsere Seitenstraße einbiegen. Ich öffnete die Tür, um genau nachzusehen. Ohne den Sicherheitsgurt lösen zu müssen, lag in meiner Reichweite eine goldene Engelstatue. Ich hob sie auf und stieß einen frohen Schrei aus. Gideon war zutiefst verblüfft und starrte mit weitaufgerissenen Augen und offenem Mund vor sich hin.

Wir eilten nach Hause. Nach genauerer Untersuchung stellten wir fest, daß es sich um einen sorgfältig geschnitzten Engel in kniender Gebetshaltung handelte. Die nackten Fußsohlen leuchteten zart und lieblich. Ein goldenes Gewand umhüllte seinen kleinen Körper, die Figur war wunderschön – und in Italien handgemalt.

Einige Monate später tauchte der goldene Engel erneut auf. Früh am Morgen verließ ich das Haus, um zu einer Buchhandlung zu fahren. Doch sie war noch geschlossen. Jemand hatte über Nacht ein Schaufensterglas zerbrochen. Eilig bemühte man sich, das Fenster mit Brettern zu vernageln und räumte zu diesem Zwecke verschiedene Gegenstände in ein anderes Schaufenster. Ich entdeckte eine Gruppe von Statuen, die mich an Menschen erinnerten, die mir sehr nahe standen. Das erregte mein Interesse, und ich kehrte nach Hause zurück, um meine Kamera zu holen. Einige Tage später, als die Bilder entwickelt waren, bemerkte ich, daß neben Abraham Lincoln und der Statue einer Göttin das liebliche goldene Profil eines Engels auftauchte.

Seither haben sich meine Engel-Erfahrungen gewandelt. Sie tragen nicht mehr jene stark materiellen Züge, sie sind nicht mehr so konkret. Doch die zauberhaften Wochen mit Gott, die ich in jener Zeit erleben durfte, veränderten mich und schenkten mir die unendliche Gewißheit der Liebe, des Guten und der Gnade.

Jeff Boutel
Washington

Seit achtzehn Jahren befinde ich mich auf einem einzigartigen, nach oben führenden Pfad. Ich bin sechsunddreißig Jahre alt und habe somit die Hälfte meines Lebens, das mit Lichtgeschwindigkeit vorüberzog, hinter mir. Ein unwiderstehlicher Drang treibt mich an. Ich besitze keine andere Wahl, als die Wahrheit zu suchen.

Im Anschluß an Ihren Workshop forderten Sie uns auf, eine "Engelkarte" zu ziehen. Auf meiner Karte stand das Wort *Grace (Gnade)*. Ich vermutete, daß es sich auf die Gnade Gottes bezog. Doch zwei Tage später tauchte in mir der zwingende Gedanke auf, Grace sei der Name meines Schutzengels.

Raten Sie einmal, was ich am folgenden Tage in meiner Post fand. Ich entdeckte eine Postkarte mit dem Aufdruck „Grace". Auf der Rückseite stand ein wunderschönes, handgeschriebenes Liebesgedicht, unterzeichnet mit „Grace". Interessanterweise kenne ich weder Freunde noch Bekannte mit diesem Namen und war bis zu jenem

Zeitpunkt niemandem begegnet, der diesen Namen führte. Zweifellos sandte mir mein Schutzengel eine klare Botschaft.

Christy Schafer
North Carolina

An dem Tage, an dem ich die Engel um Führung bat, fand ich zwei wundervolle Gedichte in meinem Briefkasten. Eines handelte davon, ein Mensch zu sein, und im zweiten schrieb eine achtundsiebzigjährige Frau, was sie anders machen würde, könnte sie ihr Leben noch einmal leben. Ich fragte meine Bekannten, ob sie diese Gedichte in meinen Briefkasten geworfen hätten, doch sie antworteten mit „Nein". Welch eine Aufregung! Ich muß immer noch lachen.

Loraine
Winnipeg, Manitoba, Kanada

Meine Freundin und ich kauften in einer Buchhandlung ein Buch für sie und einen Satz ”Engelkarten“ für mich. Noch im Geschäft breitete sie die Karten mit der Rückseite nach oben auf dem Ladentisch aus. Ich äußerte, daß Liebe die höchste Antwort sei, und welch eine wunderbare Welt wir haben könnten, wenn es möglich wäre, allen Menschen Liebe zu schenken.

Meine Freundin lachte und erwiderte: „Du kannst nicht die ”Engelkarte“ nehmen, die du gerne haben möchtest, du mußt die akzeptieren, die du bekommst.“ „Oh, nein“, antwortete ich, „es geht um die Liebe, das ist es, was Er von uns verlangt.“ Ich zog meine ”Engelkarte“. Darauf stand

„Liebe". Meine Freundin blickte mich mit offenem Munde an. Der Buchhändler lächelte wissend. Ich spürte tiefen Frieden in mir.

Ana Rodriguez
Texas

Es gab eine Zeit, in der ich versuchte, hinsichtlich meiner Karriere eine Entscheidung zu treffen. Ich fühlte mich ausgeglichen. Wir hatten Wochenende, und als ich aufwachte, stand ich auf und ging in die Küche, um Kaffee zu kochen. Auf dem Tisch fand ich einen kleinen, herzförmigen Stein. Ich nahm an, mein Sohn hätte ihn hereingebracht, da wir stets Gegenstände aus der Natur sammeln, die eine besondere Energie zu haben scheinen. Ich fragte ihn, ob er diesen Stein für mich gefunden habe, doch er verneinte. Auch mein Lebenspartner antwortete auf meine Frage mit einem „Nein". Niemand hatte uns an jenem Tage besucht.

Ich wußte, mit diesem Stein antworteten mir die Engel und ließen mich wissen, daß sie mich liebten, ich mich richtig entschieden hatte, mich selbst lieben und meine Situation akzeptieren solle. Erstaunlicherweise besitzt der Stein genau die Form eines Herzens.

Ich arbeite als Empfangssekretärin in unserer Firma, und jeden Tag kommen Leute zu meinem Schreibtisch, um eine ”Engelkarte" zu ziehen. Ihre unterschiedlichen Verhaltensweisen und Energien werden mir durch die Engel klar. In meiner Firma gilt der Wahlspruch: „Im Empfangsbüro übermitteln dir die Engel eine Botschaft." Die Menschen haben erkannt, daß sie ihren Tag positiver beginnen, wenn sie nachsehen können, was die Engel zu sagen haben.

Barb Martin
Wisconsin

Ich schenkte einer Freundin einen Satz "Engelkarten", und jetzt wählt sie jeden Tag einen Engel für sich aus. Es war ihr eine Zeitlang sehr schwergefallen, anderen zu vergeben. Doch eines Tages zog sie die Karte *Vergebung*. Sie erzählte mir, daß sie an jenem Tage diesen Engel nicht hätte haben „wollen". Also legte sie die Karte in die Schale zurück, um sich eine andere zu nehmen, und erneut zog sie *Vergebung*. Um es kurz zu machen, sie fischte diese Karte noch drei Mal heraus, bevor die Engel „für dieses Mal aufgaben". Zu dumm! Auch ich habe das Empfinden, sie könnte vorankommen, wäre es ihr nur möglich, einige Dinge aus der Vergangenheit zu vergeben. Die "Engelkarten" sind wunderbar: *Heiterkeit*, *Fülle*, *Freude* und *Liebe* scheinen viel Zeit mit uns zu verbringen.

Linda Shields
New Jersey
1. Brief

In der augenblicklich schwierigen Zeit möchte ich gerne eine Bitte an die Engel richten. Mein Mann hat achtzehn Jahre lang für dieselbe Firma gearbeitet. Nun hörten wir, daß er bald seine Stelle verlieren wird. Bis wir den genauen Zeitpunkt erfahren, hängt unser Leben in der Luft. Wir hoffen auf eine mögliche Versetzung. Wir brauchen die Stärke und den Mut des Engels Michael und die Führung aller Engel, die uns jetzt beistehen können.

2. Brief

Mein Mann hat eine Anstellung gefunden, und die Engel haben uns tatsächlich bis zum Antritt dieser Stelle versorgt. Meine beiden eigenen kleinen Unternehmen blühten in der Zeit seiner Arbeitslosigkeit auf. Der Kinderhort war in diesem Sommer recht einträglich, da mein Mann zu Hause blieb und wir mehr Kinder aufnehmen konnten. Gott versorgte uns mit mehr Geld, als wir bedurften.

Nie zuvor in meinem Leben bin ich so glücklich gewesen. Unsere Ehe überlebte alle Prüfungen stark und voller Liebe. Meine beiden Kinder sind gesund und glücklich. Ich danke Gott und den Engeln für ihre Segnungen. Jedesmal, wenn Zweifel in mir aufkommen, erreicht mich eine Botschaft der Engel. Ich halte meine Augen jetzt wirklich offen und erkenne ehrfürchtig, wieviele Engel mir täglich zur Seite stehen.

Lauren Franciosi
Kentucky

Zwei sehr anstrengende Jahre liegen hinter mit, die mir kaum eine friedliche Zeit für die Meditation ließen, der ich mich einmal ganz hingegeben hatte. Mein Mann und ich planten eine Woche Erholung in einer Pension, die ich von früher kannte, in einer friedlichen, ruhigen Stadt.

Bevor wir unsere Reise antraten, legte ich die Dinge zurecht, die ich mitnehmen wollte. Plötzlich verspürte ich den Drang, an einer Stickarbeit zu arbeiten, die ich ein Jahr zuvor gekauft hatte, und die „Der erste Lichtengel" hieß. Ich dachte nicht weiter darüber nach, stellte jedoch fest, daß ich in jenen Tagen ein *heftiges Verlangen* nach einem bestimmten Biskuitkuchen verspürte. Ich wunderte mich zwar über diese seltsame Begierde, beachtete sie aber nicht allzusehr. Auf unserer Fahrt hielten wir kurz an, um in eine Esoterische Buchhandlung zu gehen. Die Fahrt hatte meinen Mann ermüdet, und ich versprach ihm: „Es wird nicht länger als fünf Minuten dauern. Es zog mich sofort zu jenem Regal, in dem Ihr Buch stand. Von diesem Zeitpunkt an tauchten die Engel überall um mich herum auf. Im Zimmer, in dem wir übernachteten, hing ein wunderschönes Bild eines schlafenden Engels. Ein Geschäft bot mehrere Engelfiguren an. Ich deckte mich natürlich damit ein.

P.S. Wir hatten wunderbaren Pulverschnee, der der schlafenden Natur einen besonderen Ausdruck verlieh. Jemand erzählte mir einmal vor langer Zeit, daß die Engel im Himmel eine Kissenschlacht machen, wenn es schneit.

Wendy M.
Colorado

Seit ich mich stärker für die Engel geöffnet habe, erlebe ich bemerkenswerte Dinge. Ich dachte noch, wie sehr ich mich über ein Geschenk meines Schutzengels freuen würde, einfach um zu erkennen, daß er mich hört. An jenem Abend besuchte mich eine Freundin, die den Tag mit Weihnachtseinkäufen verbracht hatte. Sie überreichte mir ein Geschenk, daß, wie sie berichtete, sie mir unbedingt hatte kaufen müssen. Die Farben dieses schönen Geschenkes begeisterten mich besonders. Die Gestalt des geflügelten Engels leuchtet in herrlichem Smaragdgrün, der Kopf schimmert in bernsteinfarbenem Gold, und in seinen Händen hält er eine Harfe aus klarem, geschliffenem Glas. An jenem Abend trug ich eine smaragdgrüne Bluse, das Licht über meinem Kopf glich einer gelben Kugel, und ich blickte aus dem Fenster. Interpretiere ich zuviel in dieses Geschenk einer mir sehr nahestehenden, lieben Freundin hinein? Wenn ja, so ist auch das in Ordnung – ich werde nicht aufgeben!

Silvia Petersen-Gil Palacios
San Jose, Kalifornien

Ich las Ihr Buch *Warum Engel fliegen können,* an dem ich viel Freude hatte. Seither heiße ich Engel in meinem Leben willkommen, ein wunderbares Gefühl! Nun verstehe ich, daß es nicht verrückt war, wenn ich als kleines Kind auf meinem Stuhl zur Seite rückte, um meinem Engel Platz zu machen. Erst wenn man älter wird und die Leute meinen, man sei verrückt, hört man auf zu glauben. Und genau dann schlägt alles im Leben fehl.

B.A. Kuczynski
Linden, New Jersey

Aufgrund zahlreicher Synchronizitäts-Erfahrungen beschloß ich, in ihnen „Zeichen" zu sehen. Im Grunde genommen erachte ich alle Ereignisse als Gelegenheiten zum Lernen. Da ich versuche, mich nicht darin zu verlieren, jedes Ereignis in meinem Leben auf seine tiefere Bedeutung hin zu durchforschen, schenkten mir die Engel ein klareres Bewußtsein für die in meinem Alltag lebendige Gnade sowie für meine Möglichkeit, durch dieses Bewußtsein zu wachsen. Wenn wir annehmen (und ich tue das), daß die Engel uns ständig umgeben, erkennen wir ihr unaufhörliches Bemühen, uns durch Botschaften zu erreichen, die uns auf unser höheres Selbst hin ausrichten sollen. Jedes wunderbare Geschehnis, das mir widerfährt, läßt mich zu Gott und den Engeln emporblicken, die es haben geschehen lassen, und ich bemühe mich, einen Weg zu finden, den bestmöglichen zum Wohle aller Beteiligten, darauf zu reagieren. Ereignet sich etwas „nicht so Wunderbares" in meinem Leben, so sehe ich darin nicht mehr ein Zeichen verdienter Bestrafung, weil ich keine „so wunderbare" Person bin. Ich betrachte es vielmehr als Folge davon, daß wir in einer Welt leben, in der nicht alle Menschen nach dem gleichen Ziel der Erleuchtung streben. Wir Sterbliche (Menschen) besitzen wohl kaum die Fähigkeit, die Engel oder Gott zu enttäuschen oder zu verletzen. Doch ich glaube, sie neigen dazu, sich zurückzuziehen, und werden nicht müde in dem Versuch, uns zu erreichen.

Alan P. Duncan
Burlington, New Jersey

Zu Ihrem Artikel „Zeichen und Wunder" im letzten Rundschreiben möchte ich hinzufügen, daß die Zeichen und Wunder, die mir selbst widerfahren sind, ein ganzes Buch füllen würden. Wie ich früher bereits erwähnte, sehe ich nach dem Gebet, der Meditation oder beim Schreiben eines Briefes an einen Engel Rehe und rotschwänzige Falken. Zunächst glaubte ich, es handele sich um reine Zufälle. Doch mit der Zeit erkannte ich, daß dies Zeichen dafür sind, daß alles in Ordnung kommen wird. Heute lächele ich, wenn mir dieses Zeichen gegeben wird, und ich danke meinem Schutzengel Liara dafür. Ich habe gelernt, auf die „stille innere Stimme" zu hören und meiner Intuition zu vertrauen. Ich weiß nun stets, wann es sich um ein Zeichen handelt. Es entspricht dem Unterschied zwischen Vertrauen und Hoffnung. Mit der Zeit *weiß* man ganz einfach um die Gültigkeit der eigenen Glaubensinhalte, und Hoffnung wandelt sich in Vertrauen, etwas weitaus Stärkeres. Auf geistiger Ebene *hoffe* ich nicht, daß Gott mir helfen wird, ich *weiß*, er ist bereits mit allen seinen Avataren und Engeln gegenwärtig. Frieden und Heiterkeit erfüllen mich dann.

Beverley Hale Watson
North Carolina

Obwohl ich die Engel nicht „sehe", spüre ich ihre Nähe. Ich erkenne auch, daß Gott seine Botschaften auf mancherlei Weise schickt. Vor einigen Wochen arbeitete ich gerade an meinem letzten Buch, als sich ein riesiger Falke unmittelbar vor meinem Fenster auf einem Baumast niederließ. Er war so groß, daß vier bis fünf Leute von ihm hätten satt werden können. Vier Stunden lang blieb er dort sitzen, bevor er davonflog. Wir leben in einer waldreichen Gegend, und es verblüffte uns, daß es der Vogel fertigbrachte, seine Schwingen beim Fliegen nicht im Blattwerk zu verfangen.

Meine Tochter Kay wohnt in New York und arbeitet ebenfalls mit den Gaben des Heiligen Geistes. Ich erzählte ihr von meinem Erlebnis. Zwei Tage später rief sie mich an und übermittelte mir die Botschaft: „Die Augen des Falken blicken auf dich; der Herr ist stets nahe." Ich fragte sie, ob der Falke jemals wiederkehren würde. Sie bejahte dies. Im selben Augenblick schauten mein Mann und ich aus dem Fenster, und der Falke erschien erneut. Als Kay ihre Informationen beendet hatte, verschwand er. Im letzten Jahr haben wir viele Falken gesehen. Manchmal tauchen sie aus dem Nichts heraus auf und verschwinden dann wieder wie durch Zauberei.

Eines Tages hatte mein Mann die Gelegenheit, einen Segelflug mitzumachen. Als das Schleppflugzeug den Segler in die entsprechende Höhe gebracht hatte, erschien ein Falke oberhalb des Cockpits und begleitete das Flugzeug. Der Pilot konnte nicht fassen, was er sah, doch mein Mann lächelte wissend, daß sie nicht allein waren. Ja, Engel sind unter uns. Wenn wir ihre Gegenwart doch nur wahrnehmen würden.

Pierre Jovanovic
Paris, Frankreich/Malibu, Kalifornien

Im November 1990 schickte mich meine Zeitung in die Vereinigten Staaten, um über Comdex Fall, die weltweit größte Computer- und Softwaremesse in Las Vegas, zu berichten. Ich wanderte durch diese erstaunliche Stadt und entdeckte eine Kapelle mit dem Namen "Schutzengel-Kathedrale". Ich trat ein, um dort zu beten.

Die Kapelle zog mich an, da ich einige Wochen zuvor einen französischen Pop-Song über Engel gehört hatte und mich seitdem fragte, ob mir tatsächlich ein Schutzengel zur Seite stünde, so wie mir meine Großmutter in meiner Kindheit erzählt hatte. Dieser Gedanke war eher lustig für mich. Ich malte mir aus, jemand mit riesigen Flügeln würde vierundzwanzig Stunden am Tag hinter mir herfliegen und mir dichter folgen als mein eigener Schatten. Eine romantische Vorstellung, aber für einen Journalisten, der für die wissenschaftliche Sparte „Computer" einer weit verbreiteten französischen Zeitung verantwortlich ist, mit Sicherheit nichts Ernstzunehmendes. Doch dann erhielt ich Zeichen. In der Kathedrale kaufte ich mir eine kleine Karte mit einer Engel-Anstecknadel. Es handelte sich um die übliche Gebetskarte mit dem Bild eines Engels, der zwei Kinder auf ihrem Weg über eine Brücke behütet.

Ich verließ die Schutzengelkirche, nahm mir ein Taxi, aber der Taxifahrer verfuhr sich auf dem Wege zu meinem Hotel. Ich landete in einer Buchhandlung, in der ich *Warum Engel fliegen können* fand. Ich las es auf dem Rückflug nach Los Angeles, der „Stadt der Engel". In meinem Hotelzimmer zog ich die kleine Schutzengelkarte hervor und betrachtete sie eingehend. Der Engel, eine schöne rothaarige Frau mit engelhaftem Antlitz und langem, welligem Haar, hatte zwei wunderbare Schwingen. Ich fand es komisch, da ich mir meinen Schutzengel niemals als schöne Engelfrau vorgestellt hatte. Scherzend wandte ich mich an das Bild: „Schau, wenn du so schön bist, möchte ich mit dir verheiratet sein!" Zwei Monate später verliebte ich mich in eine phantastische rothaarige Französin, die mich ständig zum Lachen bringt.

(TLT: Pierre schrieb mir im Dezember 1990, er habe mehrere erstaunliche Engel-Erfahrungen gehabt. Ihm und seinem rothaarigen Engel wurde im Oktober 1991 ein kleines Engelmädchen geboren. Heute lebt er in meiner Nähe in Malibu. Wir sind Freunde geworden, die tiefe geistige Erfahrungen austauschen. Die Engel scheinen uns auf ähnlichen Pfaden zu führen.)

Cristina Tanrozzi Lapare
Quebec, Kanada

Mein teuerster Freund, mein Schutzengel, führte mich zu Ihrem Buch. Tief in meinem Inneren hielt ich nach etwas Ausschau, das ich nicht näher definieren konnte, nach etwas, dem ich Ausdruck verleihen wollte, nach einem bestimmten Aspekt der Wahrheit. Zahlreiche Hinweise wurden mir gegeben, deren Bedeutung ich damals nicht erfaßte, obgleich ich bereits meditierte.

Vor Jahren sagte mir ein Hellseher: „Symbolisch gesehen sind sie eine „Harfe" für uns geblieben." Ich verstand diese Äußerung nicht ganz, doch sie war das Schönste, was man mir jemals gesagt hat, und eine unbeschreibbare Freude durchströmte mich. Jahre später äußerte ein anderer Hellseher: „Ich muß gestehen, daß ich es noch niemals zuvor jemandem sagte, doch über ihnen schwebt ein herrlicher blauer Engel. Dieses stille Wesen hohen Ranges begleitet sie tatsächlich." Die tiefe Gewißheit, daß er die Wahrheit sprach, vermag ich nicht wiederzugeben, auch nicht die seltsame Leichtigkeit, die mich überkam. Es fiel mir ausgesprochen schwer, danach richtig zu gehen, so leicht fühlte ich mich. Meine Beine schienen zu schweben, und ich fühlte mich gesegnet.

Nach diesem und einer Reihe anderer Ereignisse kaufte ich Ihr Buch. Eines Nachts las ich das Kapitel über menschliche 'Engel' und mußte lachen. Mein elfjähriger Sohn wachte auf, um ins Bad zu gehen. Als er an meinem Zimmer vorbeikam, fragte er mich, über was ich zu dieser Nachtzeit lachte. „Ich lese ein Buch über Engel", erwiderte ich. Er las den Abschnitt, schaute mich an und meinte: „Oh Mutti, wir haben alle diese Dinge im Haus.

33

Du bist ein Engel!" Wir lachten, umarmten einander, und er ging zurück in sein Bett.

Später in jener Nacht erlebte ich "meine Welt". Ich fühlte, wie sich meine Seele oder mein höheres Selbst ausdehnte und in höhere Gefilde emporstieg. Mit Worten läßt es sich kaum beschreiben, doch mir war, als würde ich die Zeitlosigkeit verstehen (oder eher erfahren), und daß es sich bei dem Körper lediglich um ein physisches Instrument handelt. Ich erkannte die „tatsächliche Wirklichkeit" in jener Welt über mir, in jener Welt voller Glück, Heiterkeit und bedingungsloser Liebe und verstand, daß das Ziel darin lag, eine Manifestation Gottes zu sein.

Ich fühle mit Gewißheit, daß Gott und seine Engel mich beschützen.

(TLT: Auszug eines Gedichtes, das Cristina schrieb:)

Die Menschen sind gut und die Engel ein Spiegel unserer Seele, unserer ersten Form des Seins. Mögen wir diese Göttlichkeit empfangen und in jede Zelle unseres Seins einfließen lassen.

Laurie
San Diego, Kalifornien

Meine Engel-Geschichte begann im August 1981. Meine Lieblings- und Patentante verstarb. In meinem Gram durchstöberte ich eine Schachtel mit alten Karten, die ich von ihr erhalten hatte. Auf einer gratulierte sie mir zur bestandenen Fahrprüfung und schlug vor, den Erzengel Michael stets bei mir zu tragen. Die Bemerkung erschien mir durchaus natürlich, da ich katholisch erzogen worden war und an Engel und Heilige glaubte. Ich schenkte diesen Worten also keine besondere Beachtung. Doch seit fünf Jahren hängt ein Michael-Medaillon an meinem Schlüsselbund, ohne daß ich weiß warum.

Meine Neugierde hinsichtlich des Erzengels Michael erwachte, und ich bat eine andere Tante, eine Nonne, mir Näheres über ihn zu schreiben. Sie besaß nur wenig Literatur darüber, sandte meine Anfrage jedoch an eine Cousine, die mir Gebetskarten und ein Buch über Engel schickte. Im September begegnete ich einem Hellseher und fragte ihn, ob es möglich wäre, daß der Erzengel Michael mein geistiger Führer sei. Seine Antwort war „Ja", doch der Name sei Mikael. Später las ich in einem Buch, daß die Aufgabe des Erzengels Mikael darin besteht, den Strom durch das kosmische Tor zu leiten. Ich fühle mich irgendwie vervollkommnet und weiß mit Sicherheit, daß ein wundervoller Führer und Schutzengel an meiner Seite steht.

Jacquelyn Heller
Berkeley, Kalifornien

Meine wahre Engel-Geschichte, das ist mein Leben vom April 1989 bis heute. Ich nahm an einer Engel-Heilungsgruppe teil und spürte die Kraft Gottes in einer Atmosphäre des Lichtes und der Liebe durch mich hindurchströmen. Ich bat um Beistand, ein neues Heim zu finden. Mein Mann und ich lebten damals in einer Wohnung in der Telegraph Avenue in Berkeley, als einige Leute im Verlaufe eines Krawalls im Stockwerk unter uns ein Freudenfeuer anzündeten.

Wir kauften uns also für fünfunddreißig Cents eine Zeitung und entdeckten die Anzeige für eine Wohnung in der Nähe der Stadt. Ich sollte noch erwähnen, daß ich um ein Heim mit zwei Schlafzimmern gebeten hatte, von denen ich einen als Engelraum gestalten wollte. Doch die Wohnung, die wir anschauten, war zu klein. Stellen Sie sich meine Überraschung vor, als mich der Besitzer jener Wohnung anrief und mir mitteilte, daß er erfahren habe, daß ein anderes Ehepaar aus einer Wohnung mit zwar auch nur einem Schlafzimmer, doch wesentlich geräumiger als das andere, ausziehen werde und ich doch den Vermieter jener Wohnung anrufen solle. (Wieviele Vermieter tun das?) Wir zogen also ein und zwar zwei Wochen nachdem ich die Engel um ein Zuhause außerhalb von Berkeley gebeten hatte. Drei Monate später zog unsere Nachbarin, der wir sehr zugetan waren, aus, und wir übernahmen ihre Wohnung mit zwei Schlafzimmern.

Da sich die Dinge hinsichtlich meiner Arbeitsstelle nicht vorwärtsbewegten, das heißt keine Beförderung in Aussicht stand, übergab ich auch diese Angelegenheit den Engeln. Heute arbeite ich an einer großen Universität, an der ein Bewerber aufgrund der dort herrschenden Bürokratie gewöhnlich erst nach drei Monaten eine Einladung zum Vorstellungsgespräch erhält. Ich bewarb mich für eine andere, gehobenere Stelle, und sie wurde mir eine Woche später im Anschluß an ein Vorstellungsgespräch angeboten. Das machen nur die Engel möglich! Mein ganzes Leben hat sich gewandelt. Ich fertige jetzt sogar Engel-Puppen an, und die Engel erfüllen mein Leben und meine Arbeit. Ich fühle mich gesegnet und erhalte Botschaften beziehungsweise spüre die Hinweise der Engel. Wir alle erlebten Wunder in unserer Heilungsgruppe, selbst jene Mitglieder, die

36

selbst nicht anwesend sein konnten. Am Anschluß an jedes Treffen beten wir für das Heil der Welt, so daß wir bald überall Frieden und geheilte Menschen sehen sollten. Ich möchte die Menschen wissen lassen, daß sie grenzenlose göttliche Schöpfungskraft besitzen.

Diane Munsell
Massachusetts

Bei einem Wochenend-Seminar überreichte mir eine reizende Frau eine Engelnadel mit den Worten: „Sie sind ein Engel, den der Himmel schickte." Ich dankte ihr und steckte den Schutzengel an meine Jacke. Am selben Tage fuhr ich nach Hause zurück und beschloß, unterwegs für ein Seminar, das ich im folgenden Monat besuchen wollte, ein Buch zu kaufen. Als ich es aus dem Regal zog, fiel mir *Warum Engel fliegen können* sozusagen in die Hände.

Ich dachte: „Sieh einer an, ein Buch über Engel, welch ein Zufall!" (Oder sollte ich sagen „ein synchronistisches Ereignis"?) Ich verschlang das Buch innerhalb von zwei Tagen, kaufte mir "Engelkarten", begann mit meinen Engel-Beratungen sowie mit der Engel-Post und, das Beste an all dem, mit meinem Engel-Tagebuch. Als ich an jenem Tage aus der Parklücke herausfuhr, entdeckte ich auf der Stoßstange des Wagens hinter mir einen Aufkleber mit den Worten: „Wenn du nicht weiter weißt, folge einem Engel!" Ich mußte herzlich darüber lachen. Dann las ich über Engel-Erfahrungen, und alles ergab einen Sinn für mich. Heute, fünf Monate danach, stoße ich immer wieder auf Engel. Seit ich mich für den Kontakt mit Gott und die geistige Welt geöffnet habe, geschehen Wunder in meinem Leben.

Uma Ergil
Tiburon, Kalifornien

Vor wenigen Tagen schaltete ich den Fernsehapparat ein und fand eine bedrückende Sendung nach der anderen, was in mir das Gefühl aufkommen ließ, daß unser Planet endgültig verloren ist. Ich dachte: „Engel, wir brauchen euch! Wo seid ihr?" Noch bevor ich diesen Gedanken vollständig zum Ausdruck gebracht hatte, unterbrach ein Werbespot die Sendung und zeigte einige Menschen, die mit ihrem Jeep durch die Wüste jagten. Eine Stimme sprach: „Wie rufst du einen Engel?" Es stellte sich heraus, daß es sich um eine Vorschau zur Wiederholung der alten Serie „Charlies Engel" handelte. Ich war sprachlos, und augenblicklich breitete sich in mir die wunderbare Gewißheit aus, daß die Engel unmittelbar bei uns sind.

Linda Forster
Carefree, Arizona

Ich möchte Ihnen über meine Erfahrung berichten, die ich in der Woche machte, in der ich Ihr Buch *Warum Engel fliegen können* kaufte. Einige unerwartete Dinge waren geschehen, die mein ganzes Geld aufgebraucht hatten. Ich stand vor einem Problem, da ich mein nächstes Gehalt erst etwa eine Woche später erhalten sollte. Ich bat meinen Schutzengel, mir ein wenig aus dieser Lage herauszuhelfen. Hundert Dollar hätten mich über die Runden gebracht, und ich dankte Gott und meinem Schutzengel für die Hilfe, an die ich fest glaubte. Zwei Tage später füllte ich nur so zum Spaß einen Lotterieschein aus, fühlte mich jedoch sogleich unwohl bei dem Gedanken, daß ich das restliche Geld jetzt auch noch verschleudert hatte. Am folgenden Tage erhielt ich meinen Gewinn – fünfhundert Dollar. Aufregend! Ich erzählte meinen Freunden von dieser großzügigen Unterstützung der Engel. Welch ein Segen!

Clinton Betts
Elizabeth City, North Carolina

Alles begann in einer Buchhandlung in Virginia Beach, Virginia. Ich sah Ihr Buch, nahm es zur Hand, stöberte darin herum und legte es zur Seite. Ich wollte gerade wieder gehen, doch da hielt mich etwas davon ab. Ich verspürte den unwiderstehlichen Impuls, das Buch noch einmal durchzublättern, und danach wußte ich, ich mußte es kaufen. Doch es gab ein einziges Problem. Das Geld, das ich dabei hatte, reichte entweder zum Kauf des Buches oder für die Kinokarte für den Film, den ich mir schon seit langem anschauen wollte. Ich bat die Engel, mir irgendwie zu helfen. Ich erstand nebenan einen Lotterieschein und gewann zehn Dollar. Mein Geld reichte nun für das Buch, die Kinokarte und ein herrliches Abendessen. Alles endete gut!

Ich las das Buch in zwei Tagen durch, und während ich mich duschte, dankte ich meinem Schutzengel, daß er mich darauf gestoßen hatte. Als Antwort bildete sich ein Regenbogen im Badezimmer.

Meine jüngste Begegnung ereignete sich während der Meditation. Ich lag da und blickte eine Weile zur Zimmerdecke empor, als eine Gestalt an meiner Seite erschien. Ich wußte sofort, daß es sich um meinen Schutzengel handelte. Er wedelte mit der Hand vor meinem Gesicht, und ich sagte laut: „Ich sehe dich!" Ein spürbares Lächeln ging von seiner Gestalt aus. In jener Nacht schlief ich so gut wie seit langem nicht mehr.

Elsie Madrigal
New Jersey

Nach der Lektüre Ihres Buches erhielt ich sofort Anwort, als ich begann, mit meinen Schutzengeln zu sprechen oder um ihre Hilfe zu beten. Ich kaufte etwa ein Dutzend Schutzengel-Nadeln, verteilte sie und ermutigte andere Menschen, mit Hilfe der Engel zu beten. Wenn ich zurückblicke, erkenne ich, daß mich die Engel immer angezogen haben. Ich benannte sogar meine drei Söhne nach den Erzengeln Raphael, Gabriel und Michael. Damals wählte ich ihre Namen nicht vor diesem Hintergrund, zumindest nicht bewußt.

L. Adams
Daytona Beach, Florida

Ihr Buch wurde mir wahrlich von einem Engel gesandt, ja ich habe es sogar in einem Laden mit dem Namen „Engel und Delphine" erstanden. Als ich mit der Lektüre begann, wußte ich nichts vom Reich der Engel. Die Vorstellung erschien mir derartig fremd, daß ich um ein Zeichen der Bestätigung bat, daß es tatsächlich Engel gibt. (Mein Zeichen: Ein Vogel). Am darauffolgenden Tage ging ich spazieren, und siehe da, ein netter, fröhlicher Herr aus der Nachbarschaft, den ich nie zuvor beachtet hatte, begegnete mir mit seinem Hund und einem niedlichen kleinen Papagei auf der Schulter. Als ich nach Haus zurückkehrte, sprach ich leise: „Danke!"

Ich beginne nun zu verstehen, warum ich seit einiger Zeit fast krankhaft Engelfiguren sammle und kürzlich sogar einen Vogel kaufte.

Ihr Buch erreichte mich an einem bedrohlichen Tiefpunkt meines Lebens. Ich war in Behandlung und befand mich in einer schwierigen Lage. Seit ich die Engel in meinem Leben willkommen heiße, sie um Unterstützung bitte *und ihnen für ihre Hilfe danke,* werde ich langsam gesund, betrachte die Dinge humorvoller, lache mehr und bin ganz allgemein unbeschwerter. Ich erkenne die wundersame Transformation in mir und in meiner Familie.

Richard Pineda
Nevada

Ich möchte Ihnen sagen, daß ich mir, obgleich ich zur Zeit im Gefängnis bin, der Engel um uns herum durchaus bewußt bin. Ich mag sie unter verschiedenen Namen und Vorwänden anrufen, sie bleiben dennoch himmlische Engel. Seit ich Ihr Buch *Warum Engel fliegen können* gelesen habe, fällt es mir sogar leichter, die Anwesenheit von Wesenheiten um mich herum zu spüren. Ich bin Elektrotechniker und sehr daran interessiert, die Schwingungsfrequenzen des Engelreiches ausfindig zu machen und zu verstärken. Ob es mir eines Tages möglich sein wird oder auch nicht, in jedem Falle werde ich weiterhin meditieren und innerlich mit ihnen sprechen. Während meiner Suche, in der Zeit hier im Gefängnis, habe ich festgestellt, daß zwischen der tatsächlichen Welt und jener, von der ich träumte, ein gewaltiger Unterschied besteht. Doch heute vermag ich die unvergängliche Schönheit und den immerwährenden Frieden in jedem von uns zu erkennen. Ihr Buch bereicherte mein Verständnis für das Engelreich, und obwohl ich eingestehen muß, noch keinen besonders guten Kontakt zu meinem Schutzengel aufgebaut zu haben, spüre ich doch ihre Schwingungen der Güte, Freude und Liebe, die mich umgeben.

Meine Haft dauert nur noch sieben Monate, und ich möchte andere Gefangene wissen lassen, daß die Engelschwingungen ihnen ebenso helfen können wie mir.

2
Engel in Visionen und Tagträumen

Wir ernähren unseren physischen Körper mit den Gaben der Erde. Wissen bereichert unseren Verstand, es bietet uns Stoff zum Nachdenken. Träume, Visionen und Meditationen führen unserem Geist Nahrung zu. Dem menschlichen Geist steht es frei, sich in unseren Imaginationen zu erheben. Wenn etwas nur in unserer Vorstellung existiert, ist es dann nicht real? Wenn uns etwas in unseren Träumen widerfährt, sollte uns dies nicht beeinträchtigen? Wenn wir etwas nur mit unserem geistigen Auge „sehen", haben wir es dann nicht wirklich gesehen? Was macht die einen Dinge zu Tatsachen und Wahrheiten, die anderen zur Einbildung?

Wenn etwas gedacht, geträumt, gefühlt, vorgestellt, visualisiert oder darüber meditiert wird, ist es meiner Meinung nach ebenso real wie du oder ich. Viele „unsichtbare" Kräfte beeinflussen uns tatsächlich. Der Umstand, daß die Wissenschaft bis heute noch nicht die Fähigkeit besitzt, jene real existierenden Engelkräfte zu messen und zu beweisen, bedeutet mir nichts. Es wird Zeit, jene Erklärungen beiseite zu schieben, jene Expertenstatistiken zu vergessen und damit zu beginnen, eigenständig zu denken und zu fühlen. Wir müssen selbst zu Experten werden, dann erst werden wir den Ausspruch verstehen: „Erkenne dich selbst, und du wirst wissen, wie du leben sollst." Der beste Maßstab für die Wahrheit liegt in dem, was du in deinem Herzen als Wahrheit empfindest. Halte dir stets vor Augen, daß „alles in der Hand der Engel des Wandels liegt"!

Visionen stellen wesentliche Augenblicke im geistigen Leben dar. Leugne deine Vision von den Engeln nicht. Halte nach ihnen

Ausschau und gewähre ihnen Raum in deinem Leben. Blicke beständig zum Himmel empor. Die Engel warten mit vielen Überraschungen auf dich. Betrachte häufig den Himmel. Die Engel bedienen sich der Wolken und der Regenbögen, um wunderschöne Bilder zu schaffen, die deiner Seele Musik und Freude schenken. Begib dich auf deine eigene Suche nach Visionen. Es besteht keine Notwendigkeit dafür, irgend etwas dafür vorzubereiten, sei einfach empfänglich und bitte die Engel um einen flüchtigen Blick hinter die Schleier des Himmels.

Eileen D.
Kalifornien

Im Dezember träumte ich von Engeln. Der Traum erinnerte mich an ein Broadway Musical, und die Geschichte endete mit dem Gesang der Engel für mich. Der Traum besagte im Grunde genommen: *Erinnerung!* Erinnere dich an dein wahres Wesen! Dieses wunderbare Erlebnis rührte an meine Seele, und ich erwachte mit Tränen der Freude in den Augen.

Judith G. Zoch
Chicago, Illinois

In der vergangenen Nacht hatte ich einen höchst ungewöhnlichen Traum. Ein junges Mädchen trat durch die Wand in der Nähe des Fensters in meine Wohnung. (Ich wohne im zwölften Stock eines Hochhauses.) Ich rief nach meinem Freund, da ich das, was geschah, nicht glauben konnte. (Das alles gehörte zum Traum.)

Dann ging ich in meiner Wohnung einen Flur entlang und bat um Beistand, während das kleine Mädchen sich ausruhte. Ihre Situation schien sie zu verwirren. Ich erkannte, daß sie gestorben war, dieser Übergang ihr aber nicht bewußt war. Auf meine Bitte um Unterstützung hin erhielt ich die „telepathische" Anweisung zu *vertrauen*. Daraufhin fiel ich rückwärts in die Arme von, wie ich glaube, Engeln. Sie erweckten meine eigenen Flügel, und ich „wußte", was ich zu tun hatte. Ich ging zu dem kleinen, immer noch in einem trance-ähnlichen Zustand weilenden Mädchen, nahm es in meine Arme und flog mit ihm aus dem Fenster hinaus, durch die Wolken empor dorthin, wo andere Engel es empfingen.

Ich fühle, daß ich mir die Schwingen irgendwie in meiner erdgebundenen Körperlichkeit als „Begleitungs-Engel" (vom Diesseits zum Jenseits) erworben habe. Es mag sich vielleicht um eine lebhafte Imagination im Rahmen meines Traumes gehandelt haben, doch ich setze es eher mit meiner Nah-Tod-Erfahrung im Jahre 1989 in Zusammenhang. Ohne näher darauf einzugehen, möchte ich noch anschließen, daß ich damals Gott und seine Engel um meine Rettung anflehte. Daraufhin geschah eine Art Wunder, wie ich fest glaube. Auf emotionaler Ebene wurde ich in einen Zustand der Gnade versetzt und gewann das Gefühl innerer Gelassenheit. Ich begann, diese „Gefühle" zu intonieren, fand jedoch keine Worte, sondern nur Töne und Laute in meinem Inneren. Mir war, als sprächen die Engel durch mich. Mit jedem Klang spürte ich Wärme, Liebe und Inspiration.

Tom McClellan
Ontario, Kanada

Im Alter von dreiundzwanzig Jahren las ich Bücher von David Spangler sowie Bücher von anderen Findhorn-Autoren. Ich begann, äußerst frustriert zu sein, denn das, was sie schrieben, leuchtete mir zutiefst ein, während ich den Eindruck hatte, nichts zu vollbringen, obgleich ich mir dies doch wünschte. Ich fragte mich, ob ich jemals meinen Beitrag leisten würde. Diese zunehmende Frustration zwang mich eines Nachts in die Knie. Weinend betete ich, daß ich mich danach sehnte zu helfen und doch so isoliert fühlte.

Während der folgenden Tage spürte ich die Gegenwart eines strahlenden Wesens, als ich mir in der Meditation meinen „Versammlungsraum" mit den Heiligen und Menschen, die ich bewundere, vorstellte. Ich fürchtete mich, diese machtvolle Wesenheit zu sehen. Nachdem ich einige Tage lang einer Konfrontation mit ihr ausgewichen war, hatte ich im Traum eine Vision. Ich wurde der Erde enthoben, und jenes erhabene Wesen mit goldener Schwingung – es war, als erfüllten goldene Funken die Dunkelheit des Raumes – umgab und umhüllte mich. Dann fühlte ich, wie meine eigene Schwingung angehoben wurde, als ich mit ihm verschmolz. In diesem Augenblick fragte ich telepathisch: „Wer bist du?" Die Antwort, die ich mich selbst sprechen fühlte, lautete: *„Unser Vater, der du bist in der Interplanetarischen Bruderschaft."*

Wenn ich mich heute bisweilen deprimiert fühle, denke ich an jene Wesenheit und finde stets meinen Frieden wieder. In einer Zeit, in der ich einige schwierige persönliche Auseinandersetzungen durchlebte und gegen Depression,

Selbstmitleid und Aggression ankämpfte, mir immer wieder sagen mußte: „Nein! Trotzdem werde ich fröhlich sein", konnte ich jenes Wesen mit den Worten spüren: „Du hast gut gewählt!" Es tut mir gut, diese Erinnerungen mit Ihnen zu teilen. Darüber zu sprechen, hilft mir sehr. Wenn ich heute an diese Wesenheit denke, lacht sie immer.

Dorothy Rials
Brookhaven, Massachusetts

Ich bin Witwe, zweiundsechzig Jahre alt und spirituell ausgerichtet. Alles, was ich in dieser Welt habe, sind Gott, der Heilige Geist, die Engel und Heiligen. Gibt es eine Krise in meiner Familie, bitte ich Gott, mir zu sagen, worum es sich handelt, und er antwortet mir in meinen Träumen. Bei meiner Tochter wurde Brustkrebs im fortgeschrittenen Stadium diagnostiziert. Ich bat Gott um Rat. Während fünf aufeinanderfolgender Nächte fragte ich nach Einzelheiten, wie sich der Krebs bereits auf die Knochen ausgebreitet hatte und so weiter. In der letzten Nacht erschienen in meinem Traum fünf nebeneinander stehende Cherubim über meinem Bett. Beglückt erwachte ich und streckte meine Hand nach einem der Engel aus. Sie waren gekommen, um mich zu trösten. Am darauffolgenden Tag bat ich Gott innezuhalten. Ich war erschöpft. Ich mag zwar nichtssagende Träume vergessen, doch niemals eine Offenbarung Gottes.

Jessie Nelson
Mound, Minnesota

Ich durchlebte eine sehr bedrückende Zeit in meinem Leben (meine Scheidung). Ich arbeitete als Flugbegleiter, und wir waren in Houston zwischengelandet. Nach einem langen Tag ging ich auf mein Zimmer und legte mich zum Schlafen ins Bett. Ich spürte, daß sich jemand neben mich legte und sprang auf, doch niemand war dort. Ich durchsuchte mein Zimmer, prüfte, ob ich die Türen verschlossen hatte, und so fort. Dann legte ich mich wieder nieder und spürte erneut jemanden neben mir, so als habe mich jemand angestupst oder gegen meine Hüfte gestoßen. Dieses Mal fühlte es sich eher spielerisch an. Dann hörte ich einen Ton, wie hell erklingendes Glas, aus der Ferne näherkommen, einen sehr friedvollen Klang. Darauf vernahm ich ein herrliches Lachen, daß auch mich lachen ließ. Ich fiel in einen Halbschlaf und sah in diesem Zustand tausende winziger Funken in vielen Farben aufblitzen. Ich versuchte, dem Ganzen mit meinem Verstand eine gewisse Logik abzugewinnen, gab jedoch bald auf. Ich beschloß, daran zu glauben, daß in jener Nacht in Houston Engel mein Zimmer erfüllten. Diese Erfahrung empfand ich als ein Geschenk, und seither habe ich noch weitere erlebt.

Elon Carina Makala
Washington

Bevor ich Ihr Buch las, hatte ich niemals daran gedacht, die Engel auf eine der von Ihnen vorgeschlagenen Weisen um Hilfe zu bitten. Heute trete ich mehrmals täglich mit ihnen in Verbindung. Als ich eines Tages einem Freund beistehen wollte, indem ich Heilungsenergie kanalisierte, tauchte der Gedanke in mir auf, wie schön es doch wäre, wenn uns dabei einige Engel umgäben. Ich bat also darum, die Engel möchten zahlreich den Raum erfüllen. Man sollte mit seinen Wünschen sorgsam umgehen! Im Nu drängten sich die Engel im Zimmer. Ich „vernahm" das Rascheln ihrer Flügel und fühlte einige an meiner Seite und über meinem Kopf vorbeistreifen. Ich mußte hell auflachen und schlug vor, einige wenige Engel seien wohl genug.

Gegen Ende des Gedenkgottesdienstes für eine Cousine meines Mannes machte ich eine der aufregendsten und zu jenem Zeitpunkt unerwartetsten Engelerfahrungen. Ich verbrachte die gesamte Feier in einem meditativen Zustand und ohne jegliche Vorstellung davon, was als nächstes geschehen würde. Es war einfach herrlich! Als der Geistliche geendet hatte, fühlte ich, wie sich die Decke der Rundkapelle hob und zum Himmel hin öffnete. Dann nahm ich eine Engelgruppe wahr, die einen Kreisbogen und sein Zentrum bildeten. Die Menschen verließen nach und nach die Kirche, und ich hörte (es war eher ein Erleben) Engelgesang. Selten habe ich mich dem Himmel so nahe gefühlt wie in jenem Augenblick. Gemeinsam sind wir wahrhaftig eins!

Martha H. Rush
Texas
Das erhoffte Wunder

Die katholische Kirche St. John Neuman in Lubbock, Texas, hatte zum Fest Mariä Himmelfahrt umfangreiche Vorbereitungen getroffen. Mehr als dreizehntausend Menschen fanden sich an jenem heißen Abend des 15. August 1988 dort ein, um einem vorhergesagten Wunder beizuwohnen. Um achtzehn Uhr fünfzehn sollte das Geschehen vor dem etwa eine Woche zuvor im Freien errichteten Altar vom Fernsehen aufgezeichnet werden. Ich selbst hielt mich in meiner mehrere Kilometer von der Kirche entfernt gelegenen Wohnung auf. Plötzlich erklärte der besorgte Kommentator: „Ich weiß nicht, was los ist, doch alle blicken nach Westen in Richtung der Sonne."

Ich rannte die Treppe hinauf und blickte aus dem Fenster. Zunächst sah ich nur die Sonnenstrahlen, gleißend und so hell, daß man nicht lange in diese Richtung blicken konnte. Ich schaute die Wolken an, als Maria, in Gewänder eingehüllt, mit wehendem Schultertuch und einer Art Kranz im Haar im Seitenprofil erschien. Sie küßte den vor ihr stehenden Cherubim, der daraufhin verschwand. Die Form der Wolken glich nicht, wie gewöhnlich, einem Elephanten oder Vogel, sondern einem Antlitz.

Dann nahm ich das Angesicht eines Mannes wahr. Es strahlte Kraft aus, und Licht ging von den Augenbrauen und den Augen aus und umgab sein ganzes Antlitz. Er blickte streng, doch nicht furchterregend. Staunen ergriff mich, als eine riesige rosafarbene Wolke ihn einhüllte, und er verschwand. Maria wandte sich mir im Profil zu und blickte mich sanft und heiter an. Eine andere Wolke, von einem dunkleren Rosenton, überflutete sie, und die Gestalt entschwand meinen Blicken.

Jene Wolken hatten nichts mit dem Sonnenuntergang zu tun, denn dazu war es noch viel zu früh, es war etwa viertel nach sechs. Niemals zuvor hatte ich zu irgendeiner Zeit derartige Farben am Himmel gesehen. Am nächsten Tag wurde berichtet, daß zahlreiche Menschen Maria, Jesus und jene herrlichen rosafarbenen Wolken gesehen hatten.

Die Erscheinung hielt nicht lange an, vermutlich nur fünf bis zehn Minuten, doch sie war wunderbar, ein Wunder, das ich niemals vergessen werde.

(TLT: Martha nannte es ein „vorhergesagtes Wunder", da sich seit 1988 Menschen am 15. August versammeln, um auf ein Zeichen, ein Wunder Gottes, zu warten.)

Terra Frank
Hawaii

Ich habe meinen Engel in meinem Inneren geschaut. Er umgab mich mit goldenem Licht und hüllte mich in seine herrlichen Schwingen ein, die einem riesigen weißen Umhang glichen. Das goldene Licht strömte in meinen Scheitel und durchflutete meinen gesamten Körper. Ich kenne noch nicht seinen Namen. Er ist unaussprechlich wunderbar. Auch kleine Engel kommen zu mir. Sie umtanzen mich und überschütten mich mit ihrem glitzernden Licht- und Blütenstaub.

Rita K. Fecek
Ohio

Wie ich Ihnen bereits mitteilte, weiß ich von Pater Maguire, daß mein Engel „Jill" heißt. Ich besuchte also ein Seminar mit dem Titel „Begegnung mit deinem Schutzengel", ein recht ehrfurchteinflößender Titel. Die Tagung schloß mit einer von Erzengel Michael geleiteten Meditation, die mit der Begegnung mit unserem Schutzengel endete. Mit Hilfe kreativer Visualisation, wunderbarer Musik sowie eines wundervollen Mannes, der uns führte, traf und sah ich Jill (wieder). Sie war unglaublich schön. Eine goldene Kordel raffte ihr weißes Gewand in der Taille zusammen, und sie hatte riesige Flügel. Jill umarmte mich, ich weinte. Sie erzählte mir, wie glücklich es sie mache, daß ich den Menschen von ihren Schutzengeln berichtete und sie aufgrund ihrer großen Freude darüber ihren Namen in Joy ändern wolle. Sie ermahnte mich, die Menschen daran zu erinnern, daß ihre Engel sie stets umgäben. Sie seien stets gegenwärtig, man müsse sie nicht aus den Himmeln herabrufen.

Die Seminarteilnehmer machten die unterschiedlichsten Erfahrungen, die wir untereinander austauschten. Es war herrlich! Ein Mann fragte seinen Engel, warum er nicht früher zu ihm gesprochen habe, und warum er ihn nicht habe sehen können. Der Engel antwortete: „Du hast nicht hingehört!" Man erklärte uns, daß die Engel keine Zeitvorstellung besäßen und wir diesen Tatbestand in unseren Bitten bedenken sollten. Sie sprechen auch nicht in Worten zu uns, sondern über unser Unterbewußtsein oder indem sie die Gedanken in unseren Kopf sinken lassen. Ich erfahre so viel Neues, sammle immer noch Engelfiguren, Engelbilder usw. und entdecke eine solche Vielfalt. Nun brauche ich nur noch das Geld, um all das kaufen zu können.

C.A. Jung
New York

Meinen ersten Engel sah ich in der Meditation, anläßlich einer Tagung über Engel. Zunächst nahm ich einen winzigen weiblichen Engel mit einem Brecheisen wahr. Er versuchte, mein Herz aufzustemmen, doch es gelang ihm nicht. Dann bemühten sich ein zweiter und ein dritter Engel darum. Sie schafften es endlich. Ich glaubte immer, ich besäße ein offenes Herz. Vielleicht wird es durch das Leben in New York verschlossen, ohne daß ich mir dessen bewußt bin. Eine verrückte Wahrnehmung, nicht wahr?

3
Außergewöhnliche Besuche und Botschaften

Fragen sie eine Gruppe von Menschen nach ihrem Lieblingsfilm, und ich möchte wetten, daß zumindest einer antwortet: „It's a Wonderful Life". Der Film beginnt im Himmel, wo wir die im Himmel ankommenden Gebete für Georges Bailey, die Hauptfigur des Filmes, hören. Dann nehmen wir an der Diskussion zwischen Gott und Hl. Joseph teil, der zum Wohle von Georges auf die Erde geschickt werden soll.

Viele von uns beten täglich. Ein Gebet ist im allgemeinen eine sehr private Angelegenheit. Von den Gebeten der Menschen weiß ich nicht, weil sie es mir erzählt hätten, sondern aus meinem Herzen heraus. Das Gebet ist eine Möglichkeit, mit den Engeln in Kontakt zu treten, und sie sind auch die Antwort auf unsere Gebete. Engel wirken als Boten Gottes, die uns und anderen Menschen auf unsere Bitten hin gesandt werden. Manchmal bitten wir selbst darum, bewußt oder unbewußt, ein anderes Mal bittet jemand anderes für uns. Erstaunliche Dinge geschehen aufgrund solcher Gebete. Den zahlreichen betenden Menschen möchte ich zurufen: „Macht weiter damit! Gott hört euch!"

Der Film „It's a Wonderful Life" handelt von einer sehr feinen Hilfe der Engel. Der Engel Clarence muß sich noch seine Flügel verdienen. Gott beschließt daher, ihm eine Gelegenheit dazu zu bieten und schickt ihn zur Erde, um Georges Bailey in seiner dunkelsten Stunde zu retten. Als Clarence eine Glocke an der Registrierkasse erklingen hört, sagt er zu Georges: „Jedesmal, wenn eine Glocke erklingt, erhält ein Engel seine „Flügel".

Glocken läuten überall. Ich höre sie in diesen Briefen läuten und dann, wenn die Menschen mich an ihren Engel-Erfahrungen teilhaben lassen. Viele Engel erhalten ihre Flügel, indem sie uns helfen, unser Leben in einer unsteten, schnellebigen Zeit zu bewältigen.

Engelboten vermögen die Dinge so einzurichten, daß wir vor drohender Gefahr bewahrt werden. Sie hinterlassen wunderbare Düfte, die uns ein Gefühl des Friedens, der Ruhe und der Hoffnung vermitteln. Viele Engel-Erfahrungen haben mit dem Licht zu tun. Engel können als Licht erscheinen, um uns zu ermahnen, „lichter zu werden". Es heißt, in Zeiten der Not kommen die Engel als Menschen auf die Erde. Im folgenden Kapitel berichten die Briefeschreiber über Erfahrungen mit Besuchen von Engeln, die, entweder bewußt oder unbewußt, durch Telepathie mit dem Schutzengel herbeigerufen wurden. Die Engel sind stets in unserer Nähe.

Terry Lynn Taylor

Vor Jahren unternahm ich mit einigen Freunden eine Campingtour auf eine Insel, die zum Marinestandort in der Nähe von Cherry Point, South Carolina, gehört. Der Bruder meiner Freundin, Offizier auf dem Standort, brachte uns mit dem Boot dorthin und setzte uns mit ausreichend Proviant für einige Tage dort ab. Der herrliche Campingplatz war in keinem Prospekt vermerkt, und wir waren daher die einzigen Menschen auf jener Insel. Eines Nachmittags beschloß ich, allein durch die Wälder zu wandern. Völlig sorglos ging ich meines Weges, als urplötzlich mein ganzer Körper, der rechte Fuß noch in der Luft, erstarrte.

Selbst mein Atem setzte für einen Augenblick aus. Ich blickte auf den Pfad hinunter. Genau an der Stelle, an der mein Fuß aufgesetzt hätte, kreuzte eine riesige Klapperschlange meinen Weg. Sie bemerkte mich nicht, und ich beobachtete, wie sie anmutig ins Gras weiterkroch. Daraufhin entspannte sich mein Körper wieder, und ich wußte, daß mich mein Schutzengel daran gehindert hatte, auf die Schlange zu treten, was diese höchstwahrscheinlich dazu veranlaßt hätte, zurückzuschnellen und zum Zwecke der Selbstverteidigung in mein Bein zu beißen. Das wäre eine äußerst prekäre Lage gewesen, da wir uns auf einer abgeschiedenen Insel befanden und keinerlei Möglichkeit besaßen, diese zu verlassen, außer jemand holte uns ab. Ich dankte Gott für das Eingreifen und wanderte weiter. In meinem Kopf blitzten Bilder davon auf, was gewesen wäre, hätte dieser Eingriff nicht stattgefunden. Bald wurde mir jedoch klar, welche nachteilige Wirkung diese Gedanken hatten und ich mich besser über diesen unmittelbaren Beweis für die Hilfe der Engel freuen sollte. Ein Gefühl der Gnade überkam mich, und ich wußte, alles würde letztlich gut werden!

Jeanne
Kalifornien
Maureen in Liebe gewidmet

Meine Schwester Maureen, eine Totgeburt, habe ich auf physischer Ebene niemals kennengelernt. Doch im Laufe der Jahre wurde mir bewußt, daß sie mir immer zur Seite steht. Bisweilen spüre ich sie sehr intensiv, und tief im Herzen weiß ich um ihre schützende Nähe. In Dankbarkeit für ihre bedingungslose Liebe und Unterstützung widme ich ihr daher diesen Brief.

Kürzlich erhielt ich zweimal Besuch von Engeln, was mein Leben zweifellos positiv veränderte. Meine Krankheit im vergangenen Jahr machte mich sehr unglücklich. Im Abstand von sechs Monaten mußte ich mich zwei Operationen unterziehen und saß daher nur deprimiert und traurig herum. Mein Mann war ratlos.

Meine Schwiegereltern besitzen ein Haus in den Bergen, und wir beschlossen, mit den Kindern dort Ferien zu machen. Ich glaubte, das würde helfen, doch ich fühlte mich nur noch elender. In der zweiten Nacht unseres Aufenthaltes erwachte unsere siebzehn Monate alte Tochter, die bei uns im Zimmer schlief. Ich kümmerte mich um ihre Bedürfnisse und legte sie wieder schlafen. Auch ich ging ins Bett zurück, fand aber keinen Schlaf. Eine Weile lang drehte und wälzte ich mich herum, als ich, auf dem Rücken liegend, an der Zimmerdecke plötzlich einen Engel bemerkte. Ein kleiner, wunderschöner, in Weiß gekleideter Engel streckte mir seine Hand entgegen. Ich glaubte, es sei ein Traum, doch als ich meine Hand nach ihm ausstreckte, zog mich eine unglaubliche Kraft empor. In dem Augenblick, in dem sich unsere Hände berührten, wußte ich, daß es sich nicht um einen Traum handelte. Niemals zuvor hatte ich einen derartig tiefen Frieden und ein solches Glücksgefühl verspürt. Es war, als wollte man mir sagen, alles werde gut werden. Ich erinnere mich, wie ich später wieder in meinem Bett lag, umherschaute und über dieses unglaubliche Geschehen nachsann, während mein Mann und meine Tochter schliefen. Für einen kurzen Augenblick roch ich noch den herrlichen Duft von Sandelholz.

Das zweite Erlebnis ereignete sich in der Abenddämmerung. Ich saß still auf meinem Bett und blickte aus dem Fenster. Doch ich war nicht allein. Sechs Engel, allerliebste kleine Cherubime, umtanzten mich fröhlich und spielerisch, als befänden sie sich auf einer Art Party. Nach etwa fünf Minuten verschwanden sie ebenso rasch, wie sie gekommen waren. In einer Ecke meines Zimmers spürte ich eine mächtige Wesenheit, einen herrlichen Engel, so groß, daß er in seinem weiß-goldenen Gewand vom Boden bis an die Zimmerdecke reichte. Seine intensive Schwingung ließ mich einige Male den Kontakt mit dem Boden verlieren, so als könne ich fliegen, doch jedesmal sank ich zurück. Dann verschwand der Engel, aber noch etwa eine Stunde danach spürte ich seine Kraft im Raum.

Abschließend möchte ich noch bemerken, daß mein Leben sich seither gewandelt hat. Nur wenigen Menschen habe ich von meinem Erleben erzählt, da ich spüre, daß die meisten es nicht verstehen würden. Ihr Buch veranlaßte mich dazu, Ihnen zu schreiben. Ich glaube wirklich an Engel und bin der Überzeugung, daß sie hier sind, um uns zu helfen und um uns anzuleiten.

Cheri Leslie
Buchhandlung der Vierten Dimension, Venice, Kalifornien

Ich habe erkannt, daß Engel mein Leben begleiteten, lange bevor ich mir ihres Einflusses auf meine Alltagsaktivitäten bewußt war. Als Kind spielte ich mit Elfen und Zwergen, bis meine Eltern mich davon überzeugten, daß es sich dabei nur um Phantasiegebilde handelte. Als ich heranwuchs, vergaß ich sie daher. Man lehrte mich allerdings, an meinen Schutzengel zu glauben. Doch bis ins Erwachsenenalter hinein wußte ich nicht, daß er mich unsichtbar tatsächlich führt und beschützt. Mitte zwanzig stand ich als Mutter kleiner Kinder vor dem Scherbenhaufen meiner Ehe. Ich fühlte mich deprimiert, und mein Leben verlief chaotisch. In meiner Einsamkeit und Verzweiflung dachte ich eines Nachts darüber nach, Selbstmord zu begehen. Das Küchenmesser in der Hand, sank mein Kopf auf den Tisch. Ich brach in Tränen aus und rief Gott um Hilfe. Augenblicklich hüllte mich eine Wesenheit ein und hob mich aus dem Stuhl hoch. Sie stützte meinen Körper, führte mich zur Schublade, um das Messer zurückzulegen, und geleitete mich die Stufen hinauf zu meinem Bett.

Jahre später lebte ich alleinstehend in Kalifornien, und mir wurde bewußt, daß die Engel in Zeiten tiefster Bedrängnis helfend eingreifen. Eines Morgens verließ ich das Haus, stolperte und stürzte nach vorn. Mehr als ein Dutzend Betonstufen führen ins Haus. Innerlich sagte ich mir, daß ich keinen Unfall haben würde. Dann faßte mich eine Kraft bei den Schultern, wirbelte mich in der Luft herum, und ich landete mit den Füßen auf einer der Stufen. Der Hund leckte mir das Gesicht, als ich mich niedersetzte und den Engeln für dieses spontane Eingreifen dankte. Dann kehrte ich mit einem Gefühl von Gelassenheit ins Haus zurück, um meine zerrissenen Strumpfhosen zu wechseln, ganz so, als sei nichts geschehen.

Eines Abends sah ich plötzlich, während ich in einem Buch las, die Vorderfront eines Sattelschleppers, nur blitzender Chrom und Scheinwerfer. Ich spürte, wie der Laster meinen Brustkorb zerdrückte und hörte eines meiner Kinder „Mama" rufen. Mit aller Gewalt stieß ich den Wagen fort und sagte mir, daß Gott zugegen sei und es keinen Unfall geben würde. Innerlich hüllte ich meine Tochter, die kurz zuvor mit dem Auto zum Einkaufen gefahren war, in weißes Licht ein. Ich blickte nicht auf die Uhr, da ich keinen Gedanken an irdische Zeit verlieren wollte, sondern sagte mir erneut, daß wir unvergängliche spirituelle Wesen sind. Ich widmete mich für längere Zeit dem Gebet, bis mich ein Gefühl des Friedens überkam. Bald darauf kehrte meine Tochter heim, und ich dankte für ihren Schutz.

Am folgenden Tage rief mich mein Sohn aus Berkeley an, wo er einen Freund besucht hatte. Er ließ mich wissen, daß er nicht mehr an diesem Abend, sondern erst früh am nächsten Morgen zurückfahren wollte. Auf meine Frage, warum er seine Pläne geändert habe, erklärte er, er sei zu müde. Auf der Fahrt nach Berkeley sei er am Lenkrad eingeschlafen und gerade noch rechtzeitig wieder aufgewacht, um einen Zusammenstoß mit einem Sattelschlepper zu vermeiden, als sein Wagen auf die Gegenfahrbahn geriet.

Ich erwachte einmal mitten in der Nacht und nahm ganz deutlich ein flackerndes weißes Licht über der Anrichte neben meinem Bett wahr und wußte sofort, daß es sich um meinen Schutzengel handelte. Ich stand auf, grüßte ihn so natürlich wie möglich und verließ das Zimmer. Als ich zurückkehrte, war das Licht verschwunden, aber ich spürte noch die Anwesenheit meines Schutzengels im Raum.

Kürzlich fand in der Nähe meines Geschäftes ein Straßenfest statt, und eines der bei mir angestellten Mädchen erwähnte, daß das Geschäft im Vergleich zum Vortag nicht so gut lief. Ich setzte mich draußen vor das Geschäft, betrachtete die vorbeischlendernden Menschen und sprach mit den Engeln. Ich bat sie um Harmonie, Zufriedenheit und Wohlstand für die Menschen und fügte hinzu, daß

mein Geschäft (eine esoterische Buchhandlung mit Ge-
schenkartikeln) Dinge anzubieten habe, die die Menschen
in der Erkenntnis ihrer höchsten Bewußtseinsebene unterstützen würden. Das weiße Licht der Engel leuchtete über
dem Eingang, und ich fuhr fort, die universellen Wahrheiten von Harmonie und Wohlstand zu bekräftigen, als
plötzlich die Menschen in mein Geschäft strömten. Innerhalb von Minuten hatte sich der Raum gefüllt, und immer
mehr Menschen kamen herein. Schließlich wandte ich
mich dankend an die Engel und erklärte, nun sei es genug.

Kathleen Ann Milner
Wisconsin

Während meines Workshops über das Licht der Engel forderte man mich geistig auf, mit den sieben Erzengeln und
den sieben Strahlen zu arbeiten. Ihre Anwesenheit und
Kraft war überall gegenwärtig. Gegen Ende der Sitzung
sandte einer der Erzengel einen blitzähnlichen weißen
Lichtstrahl in den Raum hinein. Alle Anwesenden, die in
dem Moment mit offenen Augen dasaßen, sahen ihn.
Mein Mitarbeiter ging hinaus, um festzustellen, ob es sich
um einen elektrischen Funken gehandelt hatte, doch dem
war nicht so. Das Licht war aus einer Stelle in der Wand gekommen, an der es weder einen Lichtanschluß noch irgendeine Steckdose gab. Ich vermute, es übertrug etwas
auf jeden der Teilnehmer. Außerdem erfuhr ich auf geistiger Ebene, daß die Engel auch weiterhin bei Gruppentref-
fen die anderen Dimensionen enthüllen würden.

Hal Schwettman
Ohio

Im folgenden möchte ich einiges über meine Engel erzählen. Nachdem ich angefangen hatte, zu meditieren und spirituelle Bücher zu lesen, sah ich öfters weißes Licht an den Wänden aufblitzen. Zunächst glaubte ich, es handele sich um ein physikalisches Phänomen, mußte dann jedoch feststellen, daß ich die Energie meiner geistigen Führer wahrnahm, wenn sie mich umgaben. Wenn ich meditiere oder Heilenergie kanalisiere, kann ich die Lichtblitze bisweilen mit geschlossenen Augen sehen.

In Ihrem Buch erwähnten Sie die Vorliebe der Engel für Kerzen, was ich bestätigen möchte. Wenn meine Frau und ich uns mit Gott verbinden, um Heilenergie zu kanalisieren, zünden wir eine Kerze an. Zum ersten Mal gingen wir so vor, als ich meiner Frau eine Heilbehandlung gab. Ich blickte in die Flamme und sah, daß sie ungewöhnlich hoch züngelte. Normalerweise ist sie maximal drei Zentimeter hoch, in Gegenwart unserer geistigen Führer und Heilengel klettert sie jedoch bis zu sieben Zentimetern und mehr empor. Jedes Bemühen, mit Gott und dem Christuslicht für die Heilbehandlung Verbindung aufzunehmen, zieht diese hohen Wesenheiten an, da sie am Heilungsprozeß teilnehmen wollen. Es gibt einen Heilungsengel, einen geistigen Arzt, der mich bei der Arbeit unterstützt. Während einer Rückführung erfuhr ich seinen Namen, und daß er mich seinerzeit in der Kunst des Heilens unterrichtete. Ich brauchte mehrere Jahre, um wirkungsvoll mit ihm zusammenzuarbeiten. Er führt mich sowohl auf mentaler als auch auf emotionaler Ebene, damit ich erkenne, wo ich meine Hände auflegen muß. Ich spüre deutlich, wie sich die Intensität des Heilungslichtes ändert, das meine Hände durchströmt. Er mag auch völlig unerwartet an meine Seite treten, und ich spüre dann, wie diese Energie meine Finger durchströmt. Irgend jemand in meiner Nähe hat dann zusätzliche Energie nötig. Eine Frau konnte meinen geistigen Führer während der Behandlung aus dem Augenwinkel heraus wahrnehmen und sah dabei zu, wie er mich unterwies.

Patricia Walton
Paoli, Pennsylvania

Das erste Mal, als wir Disneyworld besuchten, nachdem wir für die Existenz der Engel und unserer geistigen Führer erwacht waren, bildeten wir tatsächlich eine Gruppe. Da das von uns reservierte Zimmer, das im Flügel zum Magic Kingdom lag, belegt war, gab man uns für die erste Nacht ein Zimmer, das sich auf der zum Schwimmbad gelegenen Seite befand. Am nächsten Morgen, dem fünfzigsten Geburtstag meines Mannes, blickte er verschlafen hinaus und entdeckte unmittelbar unter unserem Fenster ein riesiges, in den Sand gemaltes „Ich liebe dich". Ob es sich nun um eine der üblichen schönen Gesten von Disneyworld handelte oder nicht, spielte für uns keine große Rolle, denn wir waren überzeugt, daß es unsere himmlischen Freunde waren, die für diesen Zimmertausch in der ersten Nacht und damit für den überraschenden, liebevollen Gruß am frühen Morgen gesorgt hatten.

Unglücklicherweise stritten wir uns so sehr am nächsten Morgen, an unserem siebenundzwanzigsten Hochzeitstag, daß es mit Tränen endete. Nachdem wir uns beruhigt hatten, wandten wir uns an unsere geistigen Führer. Sie besänftigten uns und leiteten uns still an, den Raum zunächst mit rosafarbenem, dann mit grünem und anschließend weißem Licht zu erfüllen und dieses daraufhin einzuatmen. Wir folgten ihren Anweisungen, und bald war wieder alles gut. Als wir die Tür öffneten, um das Zimmer zu verlassen, fanden wir ein wunderschönes Blumengebinde auf dem Boden neben der Tür liegen. Keiner unserer Bekannten hatte es geschickt, und unseren Zimmernachbarn gehörte es ebenfalls nicht. Wir erkundigten uns bei der Rezeption, ob die Blumen vielleicht ins falsche Stockwerk geliefert worden seien und fragten auch im Disneyworld Blumengeschäft nach. Doch man teilte uns mit, daß die Blumen von dort aus unmöglich ohne eine Karte oder Mitteilung geliefert worden wären.

Verwundert wandten wir uns an unsere himmlischen Freunde und baten sie um Auskunft. Sie fragten nach den Farben der Blumen. Das Gesteck war in drei Farben gehalten worden, in Rosa, Grün und Weiß. Dann forderten sie uns auf, die Blumen zu zählen. Es waren einundzwanzig, genau die Anzahl unserer Engel, geistigen Führer und Lehrer. Daraufhin gratulierten sie uns zu unserem Jahrestag und schlugen vor, uns im „Magic Kingdom" ein wenig zu vergnügen.

Am letzten Tage unseres Aufenthalts erhielten wir die Mitteilung, daß sich dem „Team" meines Mannes ein neuer Engel-Führer hinzugesellt hatte, eine junge Frau mit Namen Christine, wie sie sich uns selbst vorstellte. Kurz nachdem sich mein Mann zum Sonnen an den Strand gelegt hatte, spürte er einen Wassertropfen auf seinen Solarplexus fallen. Er öffnete die Augen, um zu sehen, ob jemand in der Nähe stand oder ob es sich um einen Schweißtropfen handelte. Seine Haut war jedoch trocken und niemand in der Nähe. Später erfuhren wir, daß Christine eine Freudenträne vergossen hatte, als sie ihre erste „Arbeitsschicht" als sein Führer begann. Sie versprach, uns einen Beweis dafür zu liefern, daß er es sich nicht eingebildet hatte, indem sie uns vor unserer Abreise mit etwas überraschen wollte. Wir fragten uns, ob wir sie nicht mißverstanden hätten, da wir früh am nächsten Morgen zum Flughafen aufbrechen wollten. Etwa gegen vier Uhr morgens erwachte ich, setzte mich im Bett auf und blickte auf die Schiebetür, die zu unserem Balkon im zwölften Stock hinausführte, auf den nur wir hinaustreten konnten. Jede Nacht beschlugen die Fenster aufgrund der Klimaanlage, so auch in dieser Nacht. Doch an einer Stelle fanden wir ein riesiges, von außen auf die Glasseite geschriebenes „C", das fast die Höhe der gesamten Scheibe einnahm. Es war etwa dreißig Zentimeter breit und sah aus, als sei es gerade erst von jemandem, der auf dem Balkon stand, geschrieben worden. Das konnte nur Christine gewesen sein, die ihr Versprechen damit gehalten hatte.

Wir flogen mit dem Flugzeug nach Hause zurück, doch ich glaube fast, wir hätten auch ohne Flugzeug fliegen können! Wir fühlten uns geliebt und verwöhnt. Ich fragte die Engel, warum sie sich solche Mühe mit uns machten. Sie antworteten schlicht, es mache ihnen Spaß, uns zu beglücken.

Joanna Schohl
Wisconsin

Die Grundausrichtung Ihrer Arbeit fasziniert mich – „Engel-Bewußtsein" und Erkenntnis des Lebens. Sie hat mich mit Sicherheit auf meiner geistigen Reise während der letzten Jahre eine Entwicklungsstufe weiter geführt. Ganz automatisch wende ich mich heute häufig an die Engel und bitte sie um Segen, Schutz oder Führung. Die Realität ihrer innigen Teilnahme an unserem Leben erkenne ich klar und deutlich, und es gibt immer wieder „Momente", in denen ich ihre Anwesenheit spüre. Vor nicht allzu langer Zeit versuchte ich eines nachts im Halbschlaf mein Deckbett über mich zu ziehen, da ich fror. Deutlich sah ich das Bild eines „mütterlichen" Engels, der sich über mich beugte und mit sanfter, liebevoller Hand zudeckte. In einer anderen Nacht erwachte ich gegen drei Uhr morgens, um ins Bad zu gehen. Als ich zurückkehrte, nahm ich einen ganz spezifischen süßen Blumenduft wahr, der mein Bett umgab. Ruhig und leicht schlief ich wieder ein.

Donna M. Freeman
Colorado

Ich möchte Ihnen von einem der drei Erlebnisse mit Engeln berichten, die sich während des sechsmonatigen Krankenhausaufenthaltes meines Mannes ereignet haben und die ohne den Schutz meines Engels einen verheerenden Verlauf hätten nehmen können, woran ich fest glaube.

Zu Beginn des Herbstes 1949 lag mein Mann im Krankenhaus in Van Nuys, Kalifornien, etwa hundert Kilometer von unserem Haus im Osten von Los Angeles entfernt. Eines Sonntagabends fragte er mich, ob ich wohl die Freundin eines anderen Patienten bis nach Hollywood mitnehmen könnte, da sie keine andere Möglichkeit hätte, nach Hause zu kommen. Da ich erst seit einem Jahr meinen Führerschein hatte, war ich zwar etwas unsicher, stimmte aber dennoch zu, da es zu dieser späten Stunde vom Krankenhaus aus wirklich keine Busverbindung gab.

Als wir um zweiundzwanzig Uhr aus dem Tor herausfuhren, stellte ich fest, daß die Bremsen meines Autos defekt waren. Was sollte ich tun? Ich hatte nicht genügend Geld bei mir, es war bereits spät und weit und breit gab es kein anderes Gebäude und doch mußte ich nach Hollywood und dann nach Hause kommen. Das einzige, was mir blieb, war, auf Gott zu vertrauen und die Bitte an meinen Schutzengel zu richten, mir beizustehen. Kurz gesagt, ich schaffte es bis Hollywood (ein großer Umweg) und dann nach Hause, wo ich nervös und erschöpft ankam. Am nächsten Tag rief mich mein Schwager an und erklärte mir, ich hätte keine Bremsflüssigkeit mehr gehabt, und er wisse nicht, wie ich als Neuling diese Fahrt überstanden hätte. Doch ich wußte, mein Schutzengel hatte mein Gebet erhört. Ich schauderte bei dem Gedanken, welch furchtbarer Unfall hätte passieren können, wäre er nicht mein Co-Pilot gewesen. Ich spürte seine Anwesenheit auf dem Beifahrersitz, ganz besonders auf dem Weg von Hollywood nach Hause, an jenem späten Sonntagabend, den ich nie vergessen werde.

Pauline Gough
Washington

(TLT: Pauline fördert eine Engel-Gruppe, deren Mitglieder sich treffen, um ihre Erfahrungen miteinander auszutauschen.)

Im Januar 1987 flog ich, mit Zwischenlandung in Oakland, nach Los Angeles. Als wir uns auf dem Rückflug Oakland erneut näherten, nahm ich die Aura des Flugzeuges wahr und erkannte, daß wir von Licht eingehüllt wurden. Ein Gefühl unsagbarer Freude überflutete mich. Dieses Erlebnis hinterließ einen tiefen Eindruck in mir und ist eine wunderbare Erinnerung. Ich habe festgestellt, daß viele Menschen als Kinder oder Teenager und später wieder in ihren Vierzigern Engel-Erfahrungen machen.

Mit siebzehn unternahmen mein Freund (heute mein dreiunddreißigjähriger Mann), eine Freundin und ich eine Autofahrt. Ich steuerte den Wagen, als er sich auf spiegelglatter Fahrbahn drehte. Meine Freundin wurde in eine Schneewehe am Straßenrand geschleudert, während Brian und ich am Rande einer Schlucht landeten, wo der Wagen stehenblieb. Niemandem war etwas passiert. Dorothy Fischer, ein ganz besonderer Engel unserer Gruppe (für all jene, die sie kennen), willigte ein, für dieses Buch ein ähnliches Erlebnis mit den Lesern zu teilen.

Dorothy Fischer
Washington

Der frühe Herbst bescherte uns einen wunderbaren „Altweibersommer". Meine zehnjährige Tochter Christy und ich fuhren von Vancouver in Richtung Grand Canyon.

69

Die Fahrt verlief gut, und am späteren Abend erreichten wir, noch bei Tageslicht, den Marys-Hill-Paß. Plötzlich war die bis dahin einwandfreie Straße schnee- und eisbedeckt. Das Auto drehte sich und fuhr auf einen Felsrand zu. Ich war hilflos. Es gab nichts, was den Wagen hätte aufhalten können. Ich sah den Abhang auf uns zukommen und schrie: „Halt!" Im selben Moment blieb der Wagen einfach stehen, gerade noch zur rechten Zeit.

Tränen strömten über unsere Gesichter, als Christy und ich dort saßen und unsere tiefe Dankbarkeit äußerten. Schließlich nahm ich meine fünf Sinne wieder zusammen, setzte zurück, fuhr auf die Straße, und wir setzten unsere Fahrt fort. Am Fuße des Passes angekommen, fanden wir ein kleines Motel und einen Imbiß. Das beinahe tödlich ausgegangene Erlebnis hatte uns derartig ausgelaugt, daß wir beschlossen, dort (trotz des schlechten Geruches und der Schmuddeligkeit) zu übernachten. Wir waren einfach nur *dankbar* für einen Platz zum Ausruhen. Als wir am nächsten Morgen aus dem Fenster schauten, stellten wir fest, daß es heftig geschneit hatte und die Straße unter riesigen Schneeverwehungen begraben lag. Beim Frühstück gesellten wir uns zu drei Lastwagenfahrern, die warten wollten, bis die Sonne den Schnee teilweise würde schmelzen lassen und der Wind sich womöglich legen würde. Gegen zehn Uhr verließen wir, den Lastwagen folgend, das Schlechtwettergebiet.

Ohne dieses Motel hätten wir weiterfahren müssen, uns wahrscheinlich verirrt – wären möglicherweise irgendwo gestrandet und zu Tode erfroren. Christy und ich standen vor einem zweifachen Wunder! Ist das nicht das wahre Leben? Gott, hab Dank für unseren Schutzengel!

Dagmar Maria Mack
Pasadena, Kalifornien

Seit langem glaube ich an die Existenz und Führung der Engel. Vor etwa fünfzehn Jahren gerieten Erick, mein Mann, unsere kleinen Kinder und ich auf der Gebirgsstraße, die aus dem Big Bear Gebiet hinunterführt, in einen fürchterlichen Schneesturm. Wir konnten überhaupt nichts mehr sehen. Plötzlich hatten wir das Gefühl, als ob irgend etwas unseren Wagen zurückstoße. Erick stieg aus und sah, daß wir uns sechzig Zentimeter vor dem Rand einer dreihundert Meter tiefen Felsschlucht befanden. Der Gedanke, dem Tode so nahe gewesen zu sein, erschreckte mich, doch warm stieg in mir die Gewißheit auf, daß wir beschützt gewesen waren.

Penny Popiel
Winnipeg, Manitoba, Kanada

Du bist wohl einer der Engel in meinem Leben, „Terry" genannt, die ich vor einigen Jahren in mein Leben eingeladen hatte. Du kommst spät. Ich schicke Ihnen die Kopie meiner Engel-Geschichte, die ich schrieb, lange bevor ich von den "Engelkarten" oder Ihrem großartigen Buch wußte.

Wunder des Vertrauens
Vor einigen Jahren saß ich an einem Augusttag zu Hause und fühlte mich recht deprimiert. An meinem Fußknöchel war eine Biopsie vorgenommen worden, und ich wartete darauf, daß es verheilte, zudem stand noch eine Analyse eines Spezialisten aus.

Seit drei Jahren lebte ich getrennt von meinen beiden Kindern, da mein Mann sie nach unserer Scheidung voller Verbitterung gegen mich aufgewiegelt hatte. Gerade jetzt, vier Monate vor Weihnachten, dachte ich besonders intensiv an sie. Wie würde ich in diesen Tagen ohne sie fertig werden, wo ich sie so sehr vermißte?

Oftmals zuvor hatte ich Gott bereits um Unterstützung gebeten. An jenem Tage jedoch wollte ich ihn mit meinen Gebeten nicht belästigen und versuchte, Kontakt mit meiner Schwester Terry Martin herzustellen, die acht Jahre zuvor Selbstmord begangen hatte. „Liebe Terry, inzwischen hast du dir sicher deine Flügel verdient. Bitte schicke mir Kraft und ein Zeichen, um mir zu helfen, der schweren Prüfung mit meinem Bein und den Kindern gegenüberzutreten." Ich fühlte mich mitgenommen und alleingelassen an jenem Tage und weinte mich in den Schlaf. Etwa eine Stunde später weckte mich die Türklingel. Zwei junge Damen in ihren Zwanzigern standen vor der Eingangstür und stellten sich als Mormonen vor. Ich war gerade im Begriff, sie abzuweisen, als ich auf dem Kragen der einen Dame eine Anstecknadel mit der Aufschrift „Schwester Terry" entdeckte.

Ich bat die beiden zum Tee herein, und Schwester Susan Terry berichtete mir, daß sie beschlossen hätten, bei ihrer Mission mit den Engeln zusammenzuarbeiten. Ich erzählte ihnen von meinem Gebet an meine Schwester Terry Martin. Sie wurden meine Freundinnen und kamen oft wieder, um mit mir gemeinsam zu beten.

Mein Bein heilte wieder völlig aus, und zu Weihnachten kehrte mein Sohn heim und wohnt seitdem in meiner Nähe. Die meisten meiner Gebete finden eine Antwort. Gott sei es gedankt und ebenso meiner Schwester Terry.

Gina Q.
Arizona

Zwei Jahre lang litt meine Großmutter an einer schweren Krankheit, die sie mehrere Male an den Rand des Todes brachte. Doch sie war eine Frau, die *nicht* sterben wollte. Sie bot allem die Stirn! In diesem Frühjahr nun verfiel sie zusehends, und starke Schmerzen quälten sie. Am 7. April gegen fünf Uhr morgens lag ich wach und sprach in Gedanken zu ihr: „Nana, fürchte dich nicht. Zahlreiche wunderbare Engel warten auf dich, um dich zu führen. Sie werden dir helfen! Nana, unser Glaube lehrt uns, daß du zu Gott gehen wirst, wende dich also an die Engel und habe keine Angst." Dann bat ich meine Engel, zu ihr zu eilen und ihr Mut zu geben. Meine Nana starb am Morgen um fünf Uhr fünfzehn.

Linda H.
Pasadena, Kalifornien
10. August 1992

Vor einem Jahr starb mein Adoptivbruder und Freund an AIDS. Während der letzten sechs Monate seines Lebens stand ich in täglichem Kontakt mit ihm. Eine Vielfalt intensiver Gefühle kennzeichnete diese Zeit, von Traurigkeit über Frustration bis hin zu tiefem Mitgefühl.

Im Alter von neunzehn Jahren erfuhr Randy von seiner Krankheit und lebte danach noch zehn Jahre. Er kämpfte gegen sie an und zeigte nur selten die physischen Schmerzen, die er zu ertragen hatte. Er behielt ein klares Bewußtsein, Witz und Lebensinteresse.

Wenn wir Zeit miteinander verbrachten, galt die unausgesprochene Vereinbarung, jeden Augenblick zu genießen. Das geringste Vergnügen kosteten wir gierig aus. Ich lernte durch Randy, mein Temperament zu zügeln. Gemeinsam erfreuten wir uns am Geschmack auserlesener Speisen, dem Duft der Aprilrosen und wie sich unterschiedliche Stoffarten anfühlen. Beide schätzten wir die stimmungsverändernde Wirkung verschiedener Blautöne, und oft brachen wir in ein ausgelassenes Lachen aus.

Zwei Monate vor seinem Tode schlenderten wir an einem warmen Sommerabend nach draußen, die Sterne zu beobachten. Wir wanderten einen Weg entlang. Wegen seiner starken Schmerzen konnte er nicht rasch oder lange gehen. Unterwegs kam eine kühle Brise auf. Wir sprachen über ihre Wirkung auf die Baumwipfel und Büsche in der Nähe und darüber, wie sanft und beruhigend sie sich auf unserer Haut anfühlte. Wir atmeten den Duft der Sommerblumen und des frisch besprengten Rasens ein. Allmählich nahm die Brise zu. Lachend hoben wir unsere Arme, grüßten den Wind, und ich stellte mir vor, dieser grüße uns ebenfalls.

Am Ende des kurzen Weges angekommen, kehrten wir um und setzten uns dann auf die Stufen vor unserem Haus. Die Brise folgte uns, wirbelte unsere Kleidung durcheinander und verfing sich kühlend in unseren Haaren. Wir kicherten und sprachen im Flüsterton miteinander. Ein träumerischer Zauber hielt uns gefangen. An die Unterhaltung selbst kann ich mich nicht mehr erinnern, doch ich spürte zwischen uns und um uns herum einen friedvollen, zärtlichen Austausch. Ich *wußte*, daß ein Engel anwesend war. Dieses Empfinden blieb auch bestehen, als wir hineingingen und hielt noch Tage danach an. Häufig erinnerten wir uns an jenen besonderen Abend.

Als Junge nahm Randy seinen Schutzengel wahr. Er glaubte, dieser hätte ihn während seiner Krankheit im Stich gelassen. Ich fragte meine Freundin Terry, was es mit der Abwesenheit der Engel auf sich habe. Sie erzählte mir eine Geschichte mit dem Titel „Fußspuren" und brachte sie mit Engeln in Zusammenhang. Später erzählte ich sie Randy weiter.

Nicht lange nach unserem Erlebnis an diesem Sommerabend teilte mir Randy freudestrahlend mit, er wisse nun, daß sein Schutzengel zurückgekehrt sei. Gewiß hatte er sich uns an jenem Abend offenbart. Seine Schwingen segneten uns mit kühler Brise, und seine Gegenwart erfüllte uns mit Frieden.

Windige Sommernächte besitzen heute eine besondere Bedeutung für mich. Sie erinnern mich nicht nur an Sehnsucht und Verlust, sondern schenken mir zudem die Zuversicht, daß Engel sich durch die Natur kundtun. Vielleicht ist der Wind oft ein vorüberfliegender Engel, der tröstet, besänftigt, uns sanft kitzelt und uns jene Gewißheit schenkt, um unser Vertrauen wieder aufzubauen und mit sanftem Wind zu trösten.

Terry Lynn Taylor

Ich möchte jenen, die die im obigen Brief erwähnte Erzählung noch nicht kennen, folgende Version erzählen. Der Autor ist unbekannt.

Fußspuren

Ein Mann träumte eines Nachts, er wandere mit dem Herrn am Strand entlang. Szenen aus seinem Leben huschten über den Himmel. Für viele der Szenen erkannte er zwei Fußspuren im Sand, die einen gehörten ihm, die anderen dem Herrn.

Als das letzte Bild vor ihm aufblitzte, blickte er auf die Spuren im Sand zurück. Er bemerkte, daß oftmals auf seinem Lebensweg nur eine Fußspur zu sehen war. Er erkannte auch, daß es sich dabei um die tiefsten und traurigsten Zeiten seines Lebens handelte.

Das beunruhigte ihn sehr, und er fragte den Herrn: „Herr, du hattest versprochen, stets an meiner Seite zu wandeln, solange ich dir nachfolgen würde. Doch in Zeiten größter Not vermag ich nur eine Spur im Sand zu erkennen. Ich verstehe nicht, warum du mich gerade dann verlassen hast, als ich deiner am dringendsten bedurfte." Der Herr antwortete: „Mein Kind, ich liebe dich und würde dich niemals verlassen. In den Zeiten der Prüfung und des Leides, in denen du nur eine Fußspur siehst, habe ich dich getragen."

Flo Llamzon
Kalifornien

Ihr Buch trat zu einer Zeit in mein Leben, in der ich wirklich inneren Auftrieb benötigte. Ich nahm alles viel zu ernst, was im Äußeren geschah. An jenem Morgen stand ich schon sehr früh in der Küche, um das Hundefutter zu richten, als eine sanfte Brise mein Gesicht streifte. Ich blickte auf den über mir hängenden Farn, doch dieser bewegte sich nicht. Es gab keine physikalische Erklärung für diesen Luftzug, denn weder ein Fenster noch eine Tür standen offen. Nach etwa fünfzehn Sekunden spürte ich plötzlich nichts mehr. Es war ein zauberhafter Augenblick für mich, denn ich erkannte, daß mein Schutzengel in der Nähe war und mir bestätigte, daß es richtig sei, zu glauben.

Alice McKinney
Minnesota

In der Nacht des 19. Juni 1974 befand ich mich auf dem Weg zum Haus meiner Mutter, da mein Stiefvater, den ich sehr liebte, gerade gestorben war. Ich fragte meine Freundin, die mich begleitete, ob auch sie den überaus starken Jasminduft im Auto wahrnehme. Doch sie bemerkte nichts. Ich aber roch ihn die ganze Fahrt über zum Haus meiner Mutter. Damals spürte ich, daß mein Stiefvater mir auf diese Weise sagen wollte, daß es ihm gut gehe.

B. A. Kuczynski
Linden, New Jersey

An einem Sonntagmorgen machten einige Mitarbeiter und ich im Gemeindeamt in Linden ein paar Überstunden. Ich saß im rückwärtigen Bereich des Büros und gab Informationen von alten Strafzetteln in den Computer ein, als sich meine Freundin umdrehte und sagte: „Ich rieche Rosen." Bess, meine jüngste Tochter, hatte sich zu uns gesellt und half Carol beim Einordnen von Strafzetteln. Sie schaute Carol an und schüttelte den Kopf, denn sie wußte, was nun kommen würde. „Nein, wirklich", beharrte Carol, „riechst du keine Rosen?" Bess fragte: „Macht meine

Mutter euch alle verrückt mit diesen Engel-Geschichten? Zu Hause tut sie das jedenfalls." Carol erwiderte, daß ich Engel niemals erwähnt hätte. (Sie hatte wohl nur nicht richtig hingehört.) Ich erklärte ihr, die Wahrnehmung von Rosenduft bedeute, daß ihr Engel ihre Aufmerksamkeit auf sich ziehen und mit ihr sprechen wolle. Mit einer Art „schon gut", wandte sich Carol wieder ihrer Arbeit zu. Als ich den nächsten Zettel auf meinem Stoß sah, rief ich mehrere Male: „Oh, mein Gott!" Bess eilte besorgt zu mir. Der Name der Person auf dem obersten Zettel lautete (wie könnte es auch anders sein) – Engel. Carol will nun Ihr Buch bestellen, und sie hört mir jetzt genauer zu.

Renate Maria Bell
Lake Mary, Florida

In Ihrem Buch schlugen Sie vor, nach dem Namen des eigenen Engels zu fragen, und ich bat noch am selben Abend vor dem Einschlafen darum. Am nächsten Morgen, einem Donnerstag, fiel mir auf der Fahrt zur Arbeit ein, daß am darauffolgenden Wochenende meine Autobatterie überprüft werden sollte. Während der Arbeit erklang der alte Schlager „Johnny Angel". Ich mußte lächeln. Als ich an jenem Abend nach Hause fahren wollte, sprang mein Wagen nicht an; er rührte sich nicht mehr. Nach einem Start mit Hilfe von Überbrückungskabeln fuhr ich nervös zur Werkstatt. Ununterbrochen murmelte ich auf der gesamten Strecke laut vor mich hin: „Bleib bei mir; bring mich dorthin." Ich erreichte die Werkstatt und ging zu einer nahegelegenen Buchhandlung, die ich gewöhnlich besuche, wenn an meinem Wagen gearbeitet wird. Warum ich diesmal zu einem anderen Regal als sonst ging, obgleich dieses noch dazu in einem Nebenraum stand, kann ich mir nicht erklären. Doch bald stach mir vom mittleren Regal in dicken roten Buchstaben das Wort *Engel* ins Auge, der Titel eines umfangreichen gebundenen Buches. Sofort wurde mir die Hilfe und der Schutz meines Engels auf der Heimfahrt bewußt. Als ich mit frischer Batterie mein Zuhause erreichte, schaltete ich das Radio ein. Laut dankte ich den Engeln für ihr sicheres Geleit. Ich war glücklich und hatte zudem ein freies Wochenende. Kaum drei Minuten später erklang wieder „Johnny Angel". Wenn ich heute der Aufmunterung, Führung oder des Schutzes bedarf, singe ich automatisch: „Johnny Angel, du bist der Engel für mich …"

Urithrael
Florida

Ihr Buch strahlt die mir bekannte himmlische Atmosphäre aus. Ich meine damit jene Leichtigkeit, nicht Melancholie, die gewöhnlich mit Engelbeschreibungen verbunden sind. Sie mögen vielleicht interessiert sein zu erfahren, daß es zumindest zwei Arten von Engelwesen gibt. Während einer fürchterlich „religiösen" Kirchenzeremonie erschien die majestätisch hohe, in Lichtgewänder eingehüllte Gestalt eines Engels über dem Sarg einer lieben Freundin. Stille Freude und Vollkommenheit milderten die unglaubliche Kraft, die diese ausstrahlte. Es mag vielleicht seltsam klingen, doch genau so habe ich es empfunden.

Eine andere, regelmäßiger erscheinende Art, ebenfalls sehr groß, trägt ziemlich steife, bodenlange, bronze-grüne

Kleidung. Diese Engel strahlen äußerste Ruhe und Wachsamkeit aus. Diese Wesenheiten erscheinen in unseren Büros, Häusern und an einigen anderen besonderen Orten. Sie treten paarweise auf und bilden eine Formation, die an eine Baumallee erinnert. Sie stehen an der Außenseite unseres kreisförmigen Empfangsraumes, um zu meditieren und erscheinen aus unersichtlichem Grund auch einzeln.

Die Engel halfen uns beim Umzug in eine andere Stadt und beim Kauf unseres Hauses. Wir beabsichtigten, in die Nähe unseres Geschäftes zu ziehen und glaubten, da wir nur sehr wenig Geld besaßen, wir müßten wieder etwas mieten. Trotzdem schauten wir uns ein zum Verkauf stehendes Haus an, das etwas vernachlässigt auf einem wunderschönen, baumbewachsenen Grundstück stand, in der Hoffnung auf eine kreative Finanzierung. Mein Mann fragte mich nach meinem „Empfinden" hinsichtlich dieses Ortes. Scherzhaft gab ich ihm zur Antwort, daß ich dem Kauf eher zugetan wäre, wenn ich einen Engel auf dem Dach sähe. Wir verließen das Anwesen, und ich sagte zu meinem Mann: „Es klingt verrückt, aber von dem Augenblick an, als ich von einem Engel sprach, "sah" ich ihn tatsächlich auf dem Dach. Das war alles, was er hören wollte. Er machte sein Kaufangebot, ohne Anzahlung und mit einem Kaufpreis, der mehrmals die Zahl 11 beinhaltete. Man nahm unser Angebot an! Die Hausnummer lautet 1122, und nicht nur der ursprüngliche Engel schwebt immer noch über dem Dach, sondern häufig spüren wir eine kleinere Art unter dem Dachsims. Devas und andere Wesen halten sich im Garten auf, und wir beginnen gerade, uns für ihre Intelligenz zu öffnen, um gemeinsam mit ihnen einen Zaubergarten zu gestalten. Wir möchten ein Haus des Lichtes schaffen, in dem uns Engel, Menschen und andere Wesen besuchen.

P.S. Unsere Engel besitzen keine Flügel, und der Engel des Hauses scheint stets Gold zu tragen.

Barb Martin
Wisconsin

Ich fürchte, ich habe es oft vergessen, daß mir immer ein Schutzengel zur Seite steht, und vielen Ängsten und Sorgen erlaubt, meine Tage zu bewölken. Mein Mann Rick und ich haben häufig über seine Rolle als mein Schutzengel gescherzt. Von einem Hellseher weiß ich, daß er „dieses Mal" nur auf die Erde zurückkehrte, um bei mir zu sein und diese Rolle zu übernehmen. Er ist wirklich ein Engel – jedenfalls meistens.

Vor einigen Jahren erhielt meine Mutter ganz besondere Hilfe von zwei Engeln. Sie hatte mich auf einer Geschäftsreise nach San Francisco begleitet und beschloß, an einer Busfahrt teilzunehmen. Doch am Bestimmungsort angelangt, stellte sie fest, daß sie den Park wirklich nicht mochte und wieder zum Hotel zurückfahren wollte. Die Rückfahrt war aber erst in etwa fünf Stunden fällig. Im Glauben daran, vielleicht einen Stadtbus zu erwischen, wanderte sie, trotz der weiten Entfernung von San Francisco, einfach los. Sie ging am Highway 101 entlang! Nein, sie ist nicht verrückt, nur ein wenig exzentrisch. Sie wanderte los, doch wohin? Niemand von uns weiß es genau. Da tauchte aus dem Nichts ein junger Fahrradfahrer auf und fragte sie: „Wohin gehen sie?" In diesem Augenblick bemerkte sie, daß sie fast auf die Fahrbahn geraten war. Irgendwie erreichte sie eine Bushaltestelle. Während sie dort wartete, näherte sich ihr eine Gruppe dreier nicht sehr

freundlich aussehender Männer. Sie fürchtete sich. Urplötzlich kam ein Mann flötend die Straße entlang, und die
Gruppe verschwand. Er sprach mit schwerem britischen
Akzent, begleitete sie auf der Busfahrt und bis in unser Hotel in San Francisco zurück. Sie erinnert sich nicht einmal
mehr an seinen Namen. Wenn nicht ein Engel, so war er
doch mit Sicherheit ein Bote des Himmels.

K. Martin-Kuri
Waquoit, Massachusetts

Als ich mich eines Morgens nach dem Aufwachen zum
Nachttisch hinabbeugte, um meine Kontaktlinse in mein
gutes Auge einzupassen, stellte ich mit Entsetzen fest, daß
der Behälter leer war. Anscheinend hatte ich am Abend zuvor in meiner Erschöpfung nicht bemerkt, daß die harte
Linse am Finger hängengeblieben war und nicht in die Auf-
bewahrungskapsel gelangte. Sie mußte sich also irgendwo
im Bett oder auf dem Teppich befinden. Voller Panik setzte
ich meine normale Brille auf, konnte jedoch, wie viele Lin-
senträger bestätigen werden, nicht klar sehen, da ich sonst
ausschließlich die Linse benutze. Trotz des Schleiers vor
meinen Augen suchte und suchte ich, konnte aber keine
Linse finden.
   Jenem Morgen maß ich besondere Bedeutung bei, da ich
an einem Treffen mit einer Abordnung aus jenem Kurort
teilnehmen sollte, in dem für Mai 1992 die amerikanische
Konferenz über Engel geplant war, ein Ereignis, das ich
mitgestaltete. Mit meiner Brille konnte ich nicht Auto fahren, und eine Ersatzlinse besaß ich nicht. Unglücklicherweise hatte ich den Kauf einer zweiten Linse seit Monaten

hinausgeschoben. Verzweifelt kniete ich mich nieder und erklärte meinem Schutzengel, daß ich unbedingt meine Kontaktlinse finden müsse, falls die Engel jene Konferenz beabsichtigten und meine Teilnahme an diesem Treffen wünschten. Ich konzentrierte mich auf die Liebe und Betreuung, die die Engel meiner Arbeit entgegenbrachten, und wurde innerlich sehr still. Da vernahm ich ein leises Pfeifen, das mich ins Badezimmer lockte. Seltsam, dachte ich, die Linse befand sich mit Sicherheit nicht dort! Doch ich vertraute diesem Engelruf und kroch auf meinen Knien hinüber. Nun, alles ist möglich. Vielleicht sprang die Kontaktlinse tatsächlich so weit fort, als sie auf den Boden fiel. Doch nirgendwo auf dem Badezimmerboden konnte ich sie entdecken. Ich blieb ruhig. Dann hörte ich wieder einen leisen, fast liebkosenden Ruf, der mich umdrehen und zurück ins Schlafzimmer kriechen hieß. In diesem Moment bemerkte ich vor mir einen schimmernden Fleck auf dem Teppich. Da war sie! Tränen füllten meine Augen, als ich erkannte, wie die Engel mir den Weg gewiesen hatten, denn von meiner ursprünglichen Ausgangsposition her hätte ich die Kontaktlinse niemals sehen können.

Diese eindeutige Botschaft wollte ich weitergeben. Wie oft in unserem Leben scheinen wir etwas sehr Wichtiges für unsere Arbeit, oder gar für unser Überleben, nicht zu finden. Suchend irren wir hoffnungslos umher, doch ohne Erfolg. Wenn wir aber Gott vertrauensvoll um Hilfe bitten, vermögen wir scheinbar Unmögliches mit Unterstützung seiner Diener, die uns lieben und behüten, zu erreichen. Folgen wir in einem Zustand stillen Vertrauens in die göttliche Führung, mögen wir zu Handlungen angeleitet werden, die äußerlich unproduktiv erscheinen oder sogar in die falsche Richtung weisen mögen. Doch gerade eine solche Neubestimmung des Standortes mag genau das sein, was wir brauchen. Ich meine, unsere Engel wünschen oftmals, daß wir die Dinge von einem anderen Gesichtspunkt aus, aus einer neuen Perspektive heraus, betrachten, um uns zu dem zu führen, dessen wir bedürfen.

Bill
Stadt der Engel, Kalifornien

Ich bin Musiker, und meine Liebe zu den Engeln besteht, solange ich denken kann. Ich bin ebenfalls ein Baseballfan. Am liebsten jedoch schaue ich dabei zu, wenn die Engel Symbole, Gesichter, ja sogar andere Engel in die Wolken zeichnen, am schönsten bei Sonnenuntergang. Mit dieser Bilder- und Symbolsprache geben sie mir stets eine Antwort auf mein jeweiliges Problem.

Die Geschichte, die ich hier erzählen möchte, ereignete sich eines Nachts auf einer einsamen Heimfahrt von einem Auftritt in einem halbleeren Club, in dem ich gespielt hatte. An jenem Tage war ich mit dem *falschen* Bein aufgestanden, wie es so schön heißt, und nichts gelang mir. Ich fuhr also mit einem Gefühl völliger Leere nach Hause. Plötzlich war mir, als ob meine Engel-Freunde den Wagen umkreisten. Innerhalb von Sekunden änderte sich meine Laune, und ich fühlte mich wie ein erwartungsvolles Kind in einem Vergnügungspark. Meine Engel begannen zu kichern, und einer rief laut: „Alles, was du brauchst, ist ein wenig Applaus!" In diesem Augenblick begann es zu klatschen. Hätte ich nicht am Steuer gesessen, hätte ich mich verbeugt, so warf ich nur ein: „Herzlichen Dank, sonst noch ein Wunsch?" Auf diese Weise bekam ich den stärksten Applaus an jenem Abend.

4
Heilungserfahrungen

In dem folgenden Kapitel werden wir über unterschiedliche Heilungserfahrungen berichten. Wir heilen uns tagtäglich selbst. Dabei mag es sich einfach nur darum handeln, daß wir einen positiven Weg zur Lösung eines Problems finden oder eine Prüfung voller Optimismus durchleben. Jeder einzelne Mensch auf diesem Planeten ist aus einem bestimmten Grund hier. Bisweilen liegt dieser in der Heilung eines Teiles unserer Seele, zu dem wir selbst den Zugang verloren haben. Heilung kann die Überwindung einer Krankheit bedeuten oder auch die Auflösung einer Beziehung, die gegen uns selbst gerichtet ist, oder eines negativen Gedankenmusters, einer Schuld oder einfach einer schlechten Laune. In den meisten Fällen beinhaltet die Heilung jedoch die Erneuerung der Liebe für uns selbst und die Erkenntnis, daß wir das göttliche Licht in unserem Herzen tragen. Manchmal vergessen wir, auf uns selbst zu achten, auf das kostbare Gefäß für das Licht Gottes. Wenn wir die Engel in unseren Heilungsprozeß mit einbeziehen, werden wir erfahren, daß Heilung zum größten Teil darin besteht, sich selbst wieder lieben zu lernen.

Die Engel trösten uns in der ihnen eigenen kreativen Weise, wenn wir sie um Heilung bitten. Das Thema dieses Kapitels heißt „Trost". Trost bedeutet Frieden, Zufriedenheit und Akzeptanz. Das Lexikon versteht darunter „Befreiung von Leid und Sorgen".

Das stärkste Heilmittel ist Vergebung. Vergebung ist dann am wirksamsten, wenn sie unmöglich zu sein scheint. Dabei mag sie nicht vollkommen oder in einem Male erfolgen, doch in dem Augenblick, in dem du bereit bist, einfach nur zu sein und dich selbst

zu lieben, bereit, alles, was dir jemals zustieß, zu vergeben, wird
dich ein Gefühl des Friedens und der Freiheit umgeben, welches
dich wahrhaft eins werden läßt mit den Engeln.

Sol Ta Triane
Kalifornien
Über Heilung und Engel

Wußtest du, daß Engel die Quelle physischer, mentaler
und emotionaler Heilenergien sind? Seit ich vor Jahren
meine Hellsichtigkeit entwickelte und Engel sowie andere
feinstoffliche Wesen wahrnehmen kann, vermag ich dies
zu bestätigen.

Bruder Jesse, ein ortsansässiger Heiler, umarmt seine
Besucher recht kräftig, womit ich jedoch nicht sagen
will, daß er sie übermäßig an sich preßt. Nein, es liegt etwas ganz Besonderes in seiner Umarmung. Als er eines
Tages, während eines seiner untraditionellen Gottesdien-
ste, jemanden umarmte, erschien ein hochgewachsener
weißer Engel und verband sich mit dem Körper Jesses.
Das sah recht merkwürdig aus, vergleichbar mit einer hohen, glühend weißen Lichtsäule, die etwa einen Meter
breit war und etwa fünf Meter oberhalb seines Kopfes
schwebte. Das Engellicht durchströmte Jesses Brustkorb
von hinten und ergoß sich über die Person, die er umarmte. Der Engel schien von oben her mit diesem Licht
verknüpft zu sein, war jedoch selbst nicht sichtbar. Dieses
Erlebnis ließ mich erkennen, was Heilung wirklich bedeutet. Bald stellte ich fest, daß Heiler niemals allein arbeiten.

Wenn wir uns mit unserem Engel-Selbst, dem „Gott in

uns", verbinden, erkennen wir, daß wir unsichtbare Freunde und magische Heilfähigkeiten besitzen und im Gebrauch dieser Fähigkeiten erst am Anfang stehen. Aufrichtiges, stetiges Bitten um Heilung und Transformation unseres Planeten und unserer selbst wird die fähigsten Menschen und geistigen Kräfte, derer wir zur Bereicherung unserer Fähigkeiten bedürfen, magnetisch anziehen, damit wir unseren Schwestern und Brüdern so helfen können.

Während einer Meditation für den Dienst an der Welt nahm ich zum ersten Mal Kontakt mit höheren Kräften auf. Ich bemühte mich nicht darum, es geschah völlig spontan. Heute bin ich hauptberuflich als Geistheilerin tätig. Ich reise umher und halte Intensivkurse über Engel ab, ein Trainingsprogramm für Menschen, die sich weiterentwickeln und ebenfalls zu Heilern werden möchten. Als Kind wußte ich bereits, daß ich als „Heiler" arbeiten würde, doch in unserer „Laß' die Finger davon"- Welt vermochte ich erst vor kurzem, mich für meine Heilfähigkeit zu öffnen. Möchten Sie ein Gefäß für Heilung und Transformation sein?

Du magst dir folgende Frage stellen: Gibt es einen liebevollen Heiler in meinem Innern, der hervortreten und sich einsetzen möchte? Ja, du *kannst* es. Willst du dich für deinen inneren Heiler öffnen. Wir brauchen dich!

Liebe liegt jeglicher Heilungstätigkeit zugrunde. Mutter Theresa sagte einmal, die Amerikaner seien die liebeshungrigsten Menschen der Welt. Jeder einzelne von uns sollte den Mut fassen zu lieben. Wenn du erst einmal ein Fundament wahrhaft selbstloser Liebe geschaffen und in deinem Leben angewendet hast, wirst du feststellen, daß dir auf geheimnisvolle Art und Weise durch die Zusammenarbeit mit den Heilungsengeln ungeahnte Fähigkeiten geschenkt werden.

Scarlet Colantoni
Südafrika

Schon immer bete ich zu meinem Schutzengel und habe mich sehr gefreut, Ihr Buch zu lesen. Fünfzehn Jahre lang litt ich unter Eierstockbeschwerden und betete zu den Heilungsengeln St. Raphael und St. Michael. Als ich eines Tages in tiefem Gebet die Augen schloß, umgab mich intensiv rotes Licht. Nach einer Weile fiel, ohne daß ich wußte woher, eine kleine Flocke auf mich herab. Ich kostete sie, sie schmeckte süßlich. Sofort ging ich ins Haus zurück, da sie mich an Weizenkeime erinnerte. Das war genau das Richtige, ich hatte eine Antwort erhalten. Seitdem nehme ich täglich einen Teelöffel Weizenkeime zu mir, was eine unglaubliche Veränderung meiner Eierstöcke bewirkt hat.

Gott und alle seine himmlischen Wesenheiten, insbesondere Maria, die Engel und Heiligen, haben mir unendlich viel geholfen. Im Jahre 1979 verlor ich ohne ersichtlichen Grund während der Geburt mein erstes Kind. Dann starb im Jahre 1981 mein kleiner Sohn im Alter von eineinhalb Jahren. Die Ärzte benutzten mich als Versuchskaninchen und entfernten den größten Teil meiner Schilddrüse. Ich glaubte an Gott und bat ihn, mir zu helfen. Heute habe ich zwei wundervolle Kinder im Alter von acht und fünf Jahren. Ich betete und glaubte. Ich brauche keine Medikamente mehr gegen meinen hohen Blutdruck, und der Rest meiner Schilddrüse beginnt wieder normal zu arbeiten. Ein weiteres Wunder mit der Hilfe Gottes.

Mit siebenunddreißig Jahren kann ich heute sagen, daß ich anfange, die Wunder des Lebens, dieses Geschenkes, wahrhaft zu erleben. Führung und Wachstum auf geistiger Ebene haben mir unendliche Freuden beschert! Ich freue mich auf jeden einzelnen Tag und hoffe, daß die Menschen auf der ganzen Welt den Trost ihrer Schutzengel erfahren und anerkennen werden.

L. Adams
Daytona Beach, Florida

Die Engel sind zu einem Hauptbestandteil meines täglichen Lebens geworden und haben mir grenzenloses Verständnis, Wachstum und unsagbaren Trost gebracht. Vor sechs Monaten entdeckten die Ärzte bei einer Mammographie einen winzig kleinen Fleck. Um ihre Diagnose abzusichern, empfahlen sie mir, eine Biopsie machen zu lassen. Nur ungern wiesen sie auf die Alternative einer erneuten Mammographie nach sechs Monaten hin. Eine Woche lang fühlte ich mich wie ein Wrack. Dann entschied ich mich für eine Wiederholung der Aufnahme in sechs Monaten. Zwei Gründe ließen mich diese Wahl treffen. Erstens sah ich darin einen Hinweis auf stärkeres Wachstum, dessen ich bedurfte, um meiner Tochter mehr Liebe zu schenken. So verpflichtete ich mich, an diesem Punkt zu arbeiten. Zweitens beabsichtigte ich, in sechs Monaten an einem Workshop über die Heilung des inneren Kindes im Elisabeth-Kübler-Ross-Zentrum teilzunehmen. Ich wollte mir selbst Gelegenheit zu intensiverer innerer Arbeit geben, bevor ich in eine Biopsie einwilligte.

Gestern erhielt ich das Resultat der zweiten Mammographie. Die Ärzte können nicht verstehen, warum nichts mehr auf dem Bild zu erkennen ist! Sie hatten natürlich sofort wissenschaftliche Erklärungen und Theorien zur Hand, doch ich weiß besser, was geschehen ist. Gestern spürte ich die Anwesenheit der Engel sehr intensiv. Zwei- oder dreimal spürte ich sogar die Bewegung ihrer Flügel, als wollten sie mich ihrer Nähe versichern. Elisabeth Kübler-Ross erzählte uns, *wir seien niemals allein*. Wir sind von Engeln umgeben, und je größer die Schwierigkeiten in unserem Leben werden, um so mehr Engel werden in unserer Nähe weilen. Jeder Tag dieses Workshops begann mit einem Augenblick der Stille. Zu diesem Zeitpunkt rief ich dann die Engel an, bei uns zu sein und auf unsere höchsten Qualitäten hinzuwirken. Jener Workshop war ein tiefgreifendes, mein Leben veränderndes Erlebnis, und ich spüre heute, daß in jeder Minute des Tages intensivste innere Arbeit geleistet wird. Übrigens, meine drei kleinen himmlischen Vögel, Rascal, Kisha und Lucky, lehren mich auf mancherlei Art Liebe, Toleranz, Geduld und Vergebung. Meine Engel wissen, wie sie mich durch meine Vögel erreichen und mir helfen können, die richtige Lektion zu lernen.

Pat Thompson
Stanley, Virginia

Es liegt etwa elf Jahre zurück. Mein Onkel Bill litt an Krebs im Endstadium. Er hatte sich soweit ganz gut gehalten, doch von dem Augenblick an, als er sich einer Chemotherapie unterzog, ging es beständig abwärts mit ihm. Kurz bevor er das letzte Mal ins Krankenhaus eingeliefert wurde, erwachte seine Frau, meine Tante Molly, früh am Morgen aufgrund einer fröhlichen Unterhaltung. Mein Onkel und sie schliefen damals in getrennten Zimmern. Sie blickte aus ihrem Fenster und sah „drei miteinander sprechende und lachende Engel vorübergehen". Sie erzählte ihrem Mann nie von dieser Begebenheit. Eines Nachts zögerte sie, ihn im Krankenhaus allein zu lassen, da es ihm sehr schlecht ging. Doch er sagte ihr, sie solle „heimgehen und sich nicht um ihn sorgen, da er sich niemals allein fühle. Es seien immer *drei* andere Wesen bei ihm."

Uta Nordean
Victoria, British Columbia, Kanada

Mein Mann und ich haben stets mehr oder weniger scherzhaft von unseren „Schutzengeln" gesprochen, jedoch dieses Thema niemals wirklich vertieft. Im vergangenen Februar erfuhr ich, daß ich Brustkrebs hatte, und während ich mich noch mit dieser erschütternden Nachricht auseinandersetzte, fühlte ich, daß jemand immer bei mir war und hinter mir stand. Das wirkte sehr tröstend. Eine Woche später fand ich in einer Buchhandlung Ihr Buch. Während der Chemotherapie betete ich zu den Engeln und visualisierte, wie hunderte winziger Engel in meine Venen eintreten würden. Zur Zeit erhalte ich erneut Bestrahlungen, und wieder stelle ich mir vor, wie die winzigen Engel mit dem Strahl hinabsteigen, meine Krebszellen in kleine Kübel laden und aus meinem Körper heraustragen. Bisweilen überflutet mich ganz grundlos ein Gefühl der Freude, und ich weiß, meine Engel stehen dicht neben mir.

Jamey Shayla Somers
Kanada

Seit ich mich erinnern kann, habe ich an Engel geglaubt. Mit sechs Jahren antwortete ich meinen Eltern auf ihre Frage, was ich sein möchte, wenn ich erwachsen sei: „Ich möchte erwachsen werden, sterben und ein Engel werden." Es erübrigt sich zu erwähnen, daß diese Antwort meine Eltern etwas besorgte.

Man erzählte mir, daß drei Engel, die die „Drei Schwestern" genannt würden, stets bei mir seien. Jahrelang verdrängte ich sie, doch nun habe ich ihnen Namen gegeben. Mein recht schwieriges und schmerzvolles Leben brachte viel Kummer mit sich. Mein Humor und mein Glaube an die Engel schwanden allmählich dahin. Ich begann, dem Leben nicht mehr zu trauen und fürchtete es größtenteils. Ihr Buch wirkte wie eine „Engel-Adrenalin"-Spritze auf mich.

Heiligabend 1990 heiratete ich, in der Hoffnung, mein Leben würde sich endlich zum Positiven hin wandeln. Selbst mein Humor kehrte wieder zurück, denn ich stellte mir vor, ich hätte Flügel an den Schultern. Doch ich entschied mich dagegen, da der Geistliche und mein Mann es wohl nicht als sehr spaßig empfunden haben würden. Vier Tage später erlitt ich einen Herzanfall. Ich bin zweiundvierzig Jahre alt. Die Nachricht wirkte vernichtend auf mich und löste einen emotionalen Schock aus. Dann erhielt ich Ihr Buch und las es sofort, da es genau das beinhaltete, was ich brauchte. Ich hatte mich für mein Angiogramm, das Aufschluß über das Ausmaß meines Herzschadens geben sollte, gut vorbereitet, indem ich Raphael, Michael, Uriel und meinen erhabensten Engel, Angelica, um Hilfe bat.

Als ich ins Krankenhaus eingeliefert wurde, bemerkte ich (außer meiner furchtbaren Angst), daß in dem fünfzehn-Bett-Zimmer nur das mir zugewiesene Bett vollkommen im Sonnenlicht stand. Der übrige Raum lag im Halbschatten. Ich stellte mir vor, alle meine Engel umgäben mich für den Rest des Tages. Die Krankenschwestern behandelten mich sehr liebenswürdig, und ich lachte an jenem Tag viel, vielleicht aus Galgenhumor, doch es war immerhin ein Anfang.

Das Untersuchungsergebnis zeigte keine Blockaden, einen niedrigen Blutdruck und einen normalen Cholesterinwert. Kurz, alles war in Ordnung, und ich konnte wieder voll aktiv sein. Meine Freude darüber läßt sich kaum in Worte fassen. Dem Arzt erschien alles recht sonderbar, und er fragte mich, ob ich unter Kokain stände. Ich lachte laut auf: „Nein, unter Nikotin." (Ich habe das Rauchen seitdem aufgegeben!) Mein Krankenhauserlebnis war bemerkenswert, und ich bin glücklich, daß die Engel nun wieder bei mir sind.

Paulette
Altoona, Pennsylvania

Veränderung? Haben Sie von Wandel gesprochen? Obgleich das Jahr 1991 viel schlimmer hätte sein können, möchte ich es nicht noch einmal durchleben. Vieles vermochte ich nicht zu verstehen. Ich versuche nicht, es jetzt zu verstehen, ich nehme es einfach an. Doch eines kann ich mit Sicherheit sagen: Ohne meinen *Glauben*, ohne die Engel und Heiligen, hätte ich dieses Jahr niemals überstanden. Ich mußte mein „Steingeschäft" schließen, eine Enttäuschung für mich, aber nicht so schlimm. Doch in diesem Sommer erlitt mein junges, fröhliches Herz einen „Krampf", der mich auf die Intensivstation brachte. Dort überkam mich ein bis dahin unbekanntes Gefühl der Verlassenheit. Sie glich einer völligen Isolation, einer Absonderung von der ganzen Welt. Es folgte eine Herzoperation, und in der vergangenen Woche teilte mir der Herzspezialist mit, daß ich mich in ausgezeichnetem Zustand befände. Eine geradezu ekstatische Freude erfüllt mich. Ich habe noch viele andere Veränderungen in meinem Leben vorzunehmen, aber nur Schritt für Schritt. In der Stadt, in der ich wohne, gibt es nur vier Herzspezialisten, die operieren. Die Engel sandten mir jenen, der in jener Nacht „zufällig" Notdienst hatte und der an Gott und die Engel glaubt. Sofort hatten wir dieselbe Wellenlänge. Ich bin so froh, daß er und nicht einer der anderen Kardiologen mich behandelte. Eigentlich glaube ich, daß er ein verkleideter Engel ist!

Ich arbeite freiwillig auf der Krebsstation in einem unserer Krankenhäuser und trage T-shirts mit einem Engelbildnis oder den Worten: „Erwarte ein Wunder." Die Patienten lieben sie. Um von Hoffnung und Freude zu sprechen – niemals begegneten mir soviel Hoffnung und so viele positive Gefühle, wie bei diesen Patienten! Weitere *zahlreiche* Veränderungen in meinem Leben liegen noch vor mir, aber ich bewege mich mit dem Strom, neugierig, wohin er mich führen wird.

In meiner Kindheit legten wir meine „ausgefallenen" Zähne nicht unter das Kopfkissen, sondern hängten sie in den „Elfenbaum", damit die Elfen sie gegen eine Belohnung mit sich nehmen würden. Soweit ich mich erinnern kann, wuchs der Elfenbaum im „Elfenwinkel" unseres Hofes.

Meine Mutter glaubte felsenfest an die Existenz von Naturgeistern, und so wuchs ich in demselben Glauben auf. Ich nahm es jedoch nicht ernst, als meine Mutter berichtete, daß die kleinen Wesen unseren Garten verlassen hätten. Sie meinte es ganz ehrlich und war sehr traurig darüber. Eine Woche später starb meine Mutter, ein zu früher, unerwarteter Tod. Sie war erst Anfang vierzig.

Heute habe ich zwei Söhne, Zwillinge im Alter von sieben Jahren, und einen eigenen Elfengarten. Einer der beiden verlor schließlich seinen ersten Zahn. Aus Zweigen und Moos bereitete ich einen winzigen Korb vor, er schmückte ihn mit Blumen, wir legten den Zahn hinein und hängten ihn hoch oben, mitten in die Silbersterngirlande, in den Baum. Ich lebe in einem Mietshaus in der Stadt. Der Baum stand bereits dort im Hof, ein freundlicher Baum. Die meisten Menschen schauen mich recht seltsam an, wenn ich auf diese Weise von ihm spreche. Ich bin mir nicht sicher, um welche Baumart es sich handelt, doch er hat einen Zweig, der einem Gesicht gleicht. Wenn die Zwillinge etwas „Besonderes" finden, möchten sie es immer irgendwo in den Baum hängen. Daher ist unser Baum immer mit ziemlich wildem Zeug dekoriert. Obwohl ein Krankenhaus und riesige Parkflächen unser Haus umgeben, halten sich in meinem kleinen Elfenhimmel Hasen, verschiedene Eichhörnchen und Vögel auf und sind recht zahm. Meine Blumen und die Hecke wachsen wie Unkraut.

Mary Beth Blanchard
Kauai, Hawaii

(TLT: Zum Verständnis des nächsten Briefes füge ich den folgenden Auszug aus dem im Juni 1992 erschienenen Rundbrief „Engel können fliegen" hinzu:)

Jo Ann Murphy sandte ein wirksames Gebet des Vergebens, von dem sie weiß, daß es rasche Heilergebnisse fördert. Man sollte mindestens zehn Tage lang, morgens und abends, das Folgende wiederholen: Stelle dir die zu heilende Person lächelnd vor und sende einen Lichtstrahl aus deinem Herzen mit den Worten zu ihr: „(Name), ich vergebe dir alles, was du in Gedanken, Worten oder Taten gesagt oder getan hast, was du mir in diesem oder in irgendeinem anderen Leben an Schmerzen bereitet hast. Du bist ebenso frei, wie ich frei bin. (Name), ich bitte dich um Vergebung für alles, was ich gesagt oder getan habe, in Gedanken, Worten oder Werken, was dir in diesem oder einem anderen Leben Schmerzen bereitet hat. Du bist frei, und ich bin frei. Gott, ich danke dir für die Gelegenheit, (Name) und mir selbst zu vergeben."

Ihr Rundschreiben bereitete mir viel Freude. Ich habe eine Geschichte zu erzählen und möchte Ihnen und Jo Ann Murphy danken.

Ich bin ein Einzelkind. Meine Mutter lebte siebzehn Jahre lang bei mir, bis sie 1987 aufgrund fortgeschrittener Alzheimerscher Krankheit in ein Altenheim übersiedeln mußte. Ich beobachtete, wie sie allmählich dahinsiechte. Seit drei Jahren hatte sie mich nicht mehr erkannt und schien nicht mehr zu hören, was man ihr sagte. Nur selten öffnete sie ihre Augen. Es war schmerzhaft, diesen Zustand mitansehen zu müssen. Ich spürte intensiv, daß sie

96

sich nur noch an einen fünfundsechzig Pfund schweren Körper klammerte, weil sie glaubte, ich würde sie brauchen. Wiederholt versicherte ich ihr, daß es mir gutginge und sie gehen könne.

Am Samstag, den 20. Juni, las ich Jo Ann Murpheys Gebet des Vergebens in Ihrem Rundschreiben und hielt es für eine wundervolle Idee zu späterem Gebrauch. Am Mittwoch rief mich der Direktor des Heimes an und teilte mir mit, daß meine Mutter vermutlich an Lungenentzündung erkrankt sei, doch das Röntgenergebnis sei negativ. Ich saß bei ihr und versuchte, sie davon zu überzeugen, daß sie loslassen solle. Keine Reaktion. Auf dem Heimweg dachte ich über sie und meine Kindheit nach. Mein Vater war Alkoholiker, und sie war mit so vielen eigenen Problemen beschäftigt gewesen, daß ich ein Schattendasein führte. Für beide war ich nur ein Anhängsel. Ich hatte meine Mutter immer auf ein Podest gestellt und sie niemals für das, was sie tat oder unterließ, gerügt. Vor etwa acht Jahren war ich Zeugin des Alkoholismus eines engen Freundes, was den mentalen Block hinsichtlich meiner Kindheit auflöste. Ein Damm brach, und ich wurde ärgerlich und verübelte es meiner Mutter, wie sie mich behandelt hatte. Lange habe ich mit diesen Gefühlen gerungen. Ich habe meine Mutter zwar niemals direkt angeklagt, doch ich weiß, daß sie meinen Groll spürte. Gott und die Engel halfen mir, und ich erkannte, daß sie ihr Bestes getan hatte. Ich besaß nicht das Recht, sie zu verurteilen. Meine Kindheit machte übrigens eine viel bessere Mutter aus mir. Mit der Zeit löste ich meine Gefühle auf. Meine Mutter konnte nicht mehr sprechen oder meine Worte verstehen, daher war es uns niemals möglich gewesen, die Dinge zu besprechen oder gar zu lösen.

Als ich am Freitagmorgen zu Gott und den Engeln betete, erinnerte ich mich an jenes Vergebungsgebet und erkannte, daß meine Mutter nicht nur durchhielt, weil ich „sie vielleicht brauchen würde", sondern weil sie auf meine Vergebung wartete; dabei bedurfte ich der ihren ebensosehr. Ich bat um den Beistand der Engel und erhielt augenblicklich eine Antwort sowie den Hinweis, daß sie zwischen vier und sieben Uhr hinübergehen werde. Unverzüglich ging ich ins Heim, um mit ihr zu reden. Ich sprach das Gebet, und als sie ihren Mund bewegte und murmelte, wußte ich, daß sie versuchte zu antworten. Sie hörte mich. Ihr Bett war umgeben von Wesenheiten, niemals habe ich so viele auf einmal gespürt. Ich blieb bei ihr bis nach sieben Uhr abends. Am nächsten Morgen um vier Uhr dreißig läutete das Telefon. Man sagte mir, ihr Puls und ihre Atmung hätten sich verändert, und sie würde wohl im Laufe der nächsten Stunde verscheiden. Ich schaltete nicht einmal das Licht aus, als ich durch das Zimmer schoß und die Gedanken durch meinen Kopf wirbelten, ob ich meinen kleinen Jungen wecken, mich anziehen oder mir nur einen Mantel überwerfen sollte. Da vernahm ich die Stimme meiner Mutter. Klar und stark sprach sie: „Liebes, du brauchst nicht zu kommen. Ich möchte dich nicht mitten in der Nacht auf der Straße sehen, es ist zu gefährlich, und weck Eddie nicht auf." Ich wußte, sie war hinübergegangen, es war vier Uhr fünfunddreißig. Ich setzte mich und wartete. Um vier Uhr vierzig läutete das Telephon: „Ihre Mutter ist verschieden." Ich fragte nach dem genauen Zeitpunkt ihres Todes. „Vier Uhr fünfunddreißig", lautete die Antwort.

Es ist noch dunkel, und ich sitze in meiner Küche, den Kugelschreiber in der Hand und die Kaffeetasse auf der

Anrichte. Ihnen und Jo Ann möchte ich von ganzem Herzen danken. Meine Mutter wäre noch lange hier geblieben, hätte ich nicht die Mahnung erhalten, ihr zu vergeben und sie um Vergebung zu bitten. Nun ist sie frei und tanzt mit den Engeln.

Patricia Walton
Paoli, Pennsylvania

Die sogenannte Engelpost war mir bisher unbekannt, doch da ich mit dem geschriebenen Wort besser umzugehen weiß als mit dem gesprochenen, wollte ich es sofort versuchen. Vor dem Schlafengehen schrieb ich meinem Schutzengel einen Brief, in dem ich ihn bat, daß er und seine Freunde meine langjährige Schwiegermutter auf irgendeine Weise wissen lassen könne, daß ich sie liebe. Es war mir nie möglich gewesen, ein warmes, offenes Verhältnis zu ihr aufzubauen. Nun lag sie im Krankenhaus, deprimiert und unheilbar krank. Immer noch schien sie sich verhärmt und kalt in ihre harte Schale einzuschließen.

Am folgenden Nachmittag fragte sie meinen Mann, das erste Mal in sechs Wochen, ob ich sie besuchen könne. Einige Wochen danach zog sie für die letzten beiden Monate ihres Lebens zu uns ins Haus, so daß ich sie rund um die Uhr versorgen konnte. Gegen Ende barg sie ihren Kopf an meine Brust, und ich wiegte sie stundenlang, während sie schlief. Früher hatte sie niemals den ersten Schritt getan, ihre Kinder oder mich zu umarmen oder zu küssen. Nachdem sie uns von den „lieblichen jungen Mädchen in langen rosafarbenen Kleidern" erzählt hatte, die gekommen waren, um auf sie achtzugeben, starb sie friedvoll.

Diese Worte kamen aus dem Mund einer Dame, die stets eine „Nur-Humbug"-Einstellung zum Leben hatte.

Erst vor kurzem segneten mich die Engel während eines schrecklichen Arbeitstages. Ich fühlte mich recht niedergeschlagen und erschöpft, als ich meinen Schreibtisch für einige Sekunden verließ. Bei meiner Rückkehr entdeckte ich vor meinem Stuhl eine kleine weiße Feder, die ich unmöglich übersehen haben konnte. Gerade in jenen Augenblicken, in denen wir uns am allerwenigsten engelhaft fühlen, muntern uns die Engel auf und schenken uns ihre Liebe. Mein Herz frohlockte, und ich erinnerte mich wieder an die Existenz einer anderen Welt, in der Freude und Liebe regieren. Ich rahmte die Feder herzförmig ein und stellte sie auf meinen Computer, wo sie mich täglich ermahnt, die Leiter emporzuklimmen und meinen Kopf über die Wolken zu erheben, so daß ich unsere Freunde sehe, die in ihrem Übermut ihre Federn geradewegs in unsere Welt hineinschweben lassen.

Allen Le Furgey
Massachusetts

Das Kapitel über das Nicht-Verhaftetsein in Sanayas Buch *Geistiges Wachstum* half mir, mich in einer kritischen Zeit, vor ein paar Wochen, als mein Vater starb, auf ein übergeordnetes Bild zu konzentrieren. Zu wissen, daß jeder Wandel auf die Dauer zum Besseren gereicht, und daß wir uns deshalb vom Vertrauten lösen müssen, wirkt beruhigend und inspirierend. Auf einem kürzlichen Urlaub fand ich die Zeit, über einige dieser Dinge, von denen ich gelesen hatte, nachzudenken. Meine Studien erweiterten meinen

Horizont. In der Terminologie der neuen spirituellen Physik hat mein Verstand bereits einen Paradigmenwechsel vorgenommen, obgleich ich noch auf den geeigneten Augenblick für den Quantensprung warte. Ich wurde in der katholischen Lehre erzogen, daß wir alle danach streben sollten, zu Heiligen zu werden. Heute weiß ich jedoch, daß es sich bei dem Engelreich um ein höheres Ziel handelt. Billy Joel drückt es in seinem Lied folgendermaßen aus: „Ich fliege lieber mit den Engeln, als daß ich mit den Heiligen weine." Ich bemühe mich darum, ein Engel zu werden, und halte immerfort nach geeigneten Möglichkeiten dazu Ausschau.

Tracy Jenkins
New York

Ich möchte Sie gerne an einer Engel-Geschichte teilhaben lassen, die ich bisher nur zwei oder drei Menschen erzählt habe. Die Lektüre Ihres Buches weckte die Erinnerung in mir. Zunächst will ich Ihnen kurz den Hintergrund schildern, damit Sie sehen, wo ich zu jener Zeit in meinem Leben stand.

Ich hatte gerade eine sehr ungesunde, nicht funktionierende Beziehung mit einem zehn Jahre älteren Kokain-abhängigen Mann hinter mir. Ich war ebenfalls abhängig, und unsere guten Momente gestalteten sich ebenso extrem wie unsere Tiefpunkte. Ich dachte, ich könnte ihn ändern, ihn von den Drogen abbringen. (Später erkannte ich, daß man sich nur selbst ändern kann!) Meine Selbstachtung war auf dem Nullpunkt angekommen, denn ich verwandte meine ganze Energie nur auf ihn. Ich pflegte mir selbst und anderen einzureden: „Ich fühle mich lieber schlecht mit ihm, als ohne ihn."

Nun, der Tag kam, an dem er unsere Beziehung beendete. Es war an meinem einundzwanzigsten Geburtstag – welch ein Geschenk. Einen Monat lang weinte ich jeden Morgen. Ich wollte wieder zu ihm zurück. Ich hatte nicht gewußt, daß mir etwas so weh tun konnte.

Um meine Schmerzen zu lindern, begann ich eines Tages, in der Bibel zu lesen und fing mit der ersten Seite an. Keine bestimmte Religion hatte meine Erziehung geprägt. Wir besaßen rein zufällig eine Bibel. Ich kam nicht sehr weit, da ich das, was ich las, damals nicht recht zu fassen vermochte. Die Lektüre linderte meinen Schmerz in keiner Weise, und ich begann, laut zu Gott zu sprechen, indem ich ihn das übliche Zeug fragte.

Die Nacht nach meiner „Rede" konnte ich nicht schlafen und weinte wie immer. Da sah ich ihn – meinen Schutzengel. Am Fuße meines Bettes ragte die Silhouette einer von strahlend weißem Licht umgebenen Gestalt auf. Zuerst strömten die üblichen Zweifel auf mich ein – ich verliere den Verstand, ich sehe Gespenster. Die Gestalt wich nicht von der Stelle. Nachdem ich meine Bedenken überwunden und mir die Augen gerieben hatte, begann sie zu sprechen.

Der Engel erklärte, alles werde gut werden, ich sei in Licht und Liebe eingehüllt, und er sei stets bei mir gewesen. Ein Gefühl der Wärme erhob sich in mir. Ich fühlte mich geliebt und schlief ein. Am nächsten Tag war ich innerlich ruhiger. Ein wunderbares Erlebnis!

Heute erkenne ich, daß es sich bei meiner Beziehung um einen wesentlichen Wendepunkt in meinem Leben gehandelt hat. Ich danke Gott und den Engeln für ihr Geleit auf dieser wundervollen Reise, die man Leben nennt. Wie herrlich ist es doch zu wissen, daß allen von uns Engel zur Seite stehen, die nur darauf warten, daß wir ihre Gegenwart erkennen. Kürzlich portraitierte mich die jüngere der beiden Töchter meiner Freundin Shelley. Die ältere wies darauf hin, daß die Zeichnung einen Engel über meinem Kopf zeige. Das kleine Mädchen sah ihn – meinen Schutzengel! Welch ein besonderer Augenblick! Hinterher fühlte ich alles erglühen. Vor kurzem zeigte ich meiner Freundin Kirsten, einer Malerin, Ihr Buch. In diesem Moment läutete das Telephon. Jemand wollte Herrn oder Frau Engel sprechen. Kirsten erwiderte, er habe wohl die falsche Nummer gewählt. Erst als sie aufhängte, wurde ihr der Zusammenhang bewußt. Ich bin sicher, der Anrufer wählte die *richtige* Nummer.

5
Schlichte, doch wirkungsvolle Botschaften

Engel wirken Wunder. Wenn wir jedoch unsere Vorstellungen von einem Wunder nicht flexibler gestalten, bringen wir uns um die größten Wunder unseres Lebens. Wir verpassen zwar die Lektion oder Botschaft dieser Wunder nicht wirklich. Es mag nur etwas länger dauern, bis wir sie erkennen, wenn uns die äußere Welt gefangenhält. Während einer Unterhaltung mit meinem Freund Shannon stellte sich heraus, daß wir jene Engel-Erfahrungen besonders schätzen, durch die das Leben eines Menschen durchlichtet und auf diese Weise eine festgefahrene Einstellung geändert wird. Vielleicht haben sie lange nicht mehr herzlich gelacht, nicht einmal gelächelt und sind ganz allgemein deprimiert gewesen. Dann öffnen sie sich den Engeln und können eine augenblickliche Transformation der Dunkelheit und des Trübsinns in Licht und Liebe erleben. Diese erstaunlichen Ereignisse, die Hilfe wie aus dem Nichts auftauchen lassen, sind aufregend, wie zum Beispiel die Rettung durch einen Engel bei einem schweren Unfall. Das klingt großartig, doch, wie Shannon ganz richtig bemerkte, wäre es wahrscheinlich gar nicht erst zu einem Unfall gekommen, hätte sich die gerettete Person für jenen Reichtum der Engel geöffnet, für jene Gaben, die den Körper und den Geist durchlichten. Können wir all die Unfälle zählen, die gar nicht erst geschahen?

Was widerfährt uns, wenn wir die Engel in unseren Alltag einladen? Das Leben gewinnt eine größere Bedeutung. Mein Lieblingsfilm über Engel trägt den Titel "Die Frau des Bischofs" und wurde 1947 mit Gary Grant, Loretta Young und David Niven gedreht. Der Streifen beinhaltet tiefe Engelweisheit. Beispielhaft zeigt er uns, was geschieht, wenn Menschen um die Hilfe der Engel bitten. Der Bischof ist unter den wohlhabenden Mitgliedern seiner Gemeinde sehr beliebt und hat sich in den Bau einer neuen Kathedrale verrannt. Er betet also intensiv zu Gott um Unterstützung für dieses Projekt, so daß Gott ihm einen Engel (Gary Grant) zur Hilfe schickt. Ich möchte nicht alles verraten; nur soviel sei gesagt, daß der Bischof erhält, was er benötigt – die Erkenntnis darüber, welche Dinge im Leben wirklich wichtig sind. Als der Engel die Erde wieder verlassen muß, hat sich die Einstellung aller Beteiligten gewandelt. Sie besitzen keine klare Erinnerung an die physische Gegenwart eines Engels in ihrem Leben. Engel verfügen über die Fähigkeit, unser Wahrnehmungsvermögen, falls nötig, zu trüben. Wenn man Gott um etwas bittet und die Engel um Unterstützung anruft, dieses Etwas zu schaffen, dann mag man nicht genau das Gewünschte erhalten, doch es wird uns das zuteil, wonach sich jedes Menschenherz sehnt: Liebe, Glück, Freude, Gnade – jene Gaben der Engel, die unserem Leben einen tieferen Sinn verleihen.

Wenn die bloße Begegnung mit einem Mitmenschen deine Lebensauffassung positiv verändert oder du deine Suche nach Wahrheit über alles stellst und sie auf einfache Art und Weise hier auf Erden findest, dann wurde dir ein wahres Engelwunder zuteil! Spreche ich von menschlichen Engeln oder „Engeln des Augenblicks", verstehe ich darunter eine Person, die genau zum richtigen Zeitpunkt auftaucht, um jemandem zu helfen, auf seinem/ihrem geistigen Pfad voranzuschreiten. Das Geschehen birgt gewöhnlich eine eindeutige Botschaft. Sie kann universeller Natur sein, wie zum Beispiel: „Wir sind alle eins in Gott und müssen einander daher achten" oder aber ganz persönliche Züge tragen wie: „Liebe dich selbst als wahres Kind Gottes." Es stellt sich nun die Frage, ob es sich bei dieser hilfreichen Person um einen tatsächlichen Engel in Menschengestalt handelt oder ob

diese sich für diesen kurzen Augenblick der Führung ihres höhe-
ren Selbst anvertraute. Meiner Meinung nach spielt das jedoch
keine Rolle?

Ungeachtet der Lebensumstände werden die schweren Stun-
den, Härten, Krankheiten und die anderen Prüfungen des Lebens
stets ihr Gutes haben. An irgendeinem Punkt warten die Engel
darauf, dich daran zu erinnern, daß du die Kraft besitzt, alles po-
sitiv zu wandeln, indem du diese Prüfungen richtig angehst und
in der rechten Weise darauf reagierst. Die Briefe des folgenden Ka-
pitels zeigen, wie die Engel uns leiten und uns Gelegenheiten bie-
ten, die uns im richtigen Moment unseres Lebens prägnante und
transformierende Botschaften geben. Achte darauf, woher die Bot-
schaft kommt; genaue Anweisungen, die unseren freien Willen be-
einträchtigen, kommen niemals von den Engeln. Achte sorgfältig
darauf und schwinge Herz und Verstand auf die höchste Ebene des
Universums ein – auf Gott. Lausche ihrem Flügelschlag, „warte
voller Wachsamkeit", um etwas zu vernehmen. Lauschst du?
Wenn ja, wem?

Shannon
Venice, Kalifornien

Kürzlich hatte ich eine Kommission zu leiten, deren Mitglieder sich nicht einigen konnten. Der Versuch, unsere
Aufgabe zu vereinfachen und friedlich mit bestimmten
Teilnehmern zusammenzuarbeiten, gestaltete sich als uner-
freulich und frustrierend.

Nach einigen schwierigen Telefonanrufen warf ich mich
an einem Nachmittag aufs Bett, um ein wenig zu schlafen.
Mein Geist begann, in jener fremden, im Zwielicht liegen-
den Umgebung, zwischen Wachen und Schlafen umherzu-

wandern. Bevor mir bewußt wurde, was ich tat, hatte ich vor meinen inneren Augen eine Art weiblicher Komposition geschaffen. Bild und Gedanke waren trüb und dunkel, und die Gestalt bestand in gewisser Weise aus den verschiedenen negativen Eigenschaften, die ich bei den Kommissionsmitgliedern beobachtete. Dann, nachdem ich sie von höherer Warte aus in meinen Gesichtskreis gelockt hatte, begann ich, sie zu untersuchen und zu kritisieren, als sei sie ein Probestück, daß ich umkonstruieren konnte. Ich möchte nochmals betonen, daß ich dieses Phantasiegebilde wirklich nicht *bewußt* erfunden hatte, doch von der grundlegenden Negativität, die ich empfand, in es hineinfiel. Nun, ich verheddertе mich immer stärker in diesen sonderbaren Gedanken, als ich mit einem Male eine sanfte, doch starke, engelgleiche Stimme vernahm: „Wir tun das nicht."

Plötzlich war ich hellwach und ein wenig atemlos von der ruckartigen Rückkehr in meinen Körper. Die Erkenntnis dessen, was ich getan hatte, wühlte meine Gefühle auf, und meine erste Reaktion äußerte sich in Verlegenheit und Schuldbewußtsein. Doch diese Empfindungen schwanden ebenso rasch, wie sie aufgetaucht waren. Ich verstand nun jene sanfte, fürsorgliche Ermahnung, die mich liebevoll daran erinnerte, daß ich mich jetzt in der Gesellschaft von Engeln befand und *wir* nicht die Dinge in negativer Weise handhaben müssen. Jene Stimme überbrachte mir so viel in diesem wundersamen Augenblick, daß es keiner psychologischen Erklärung bedurfte. Die Erfahrung war rein geistiger Natur.

Danach verloren die Probleme der Kommission ihre Intensität für mich, und als das Projekt schließlich seinen Abschluß fand, stimmten wir alle darin überein, ausgezeichnete Arbeit geleistet zu haben. Ich danke daher jenem mütterlichen Engel für seine Führung sowie der Befreiung von der Illusion allzu großer Verantwortlichkeit.

Allan P. Duncan
Burlington, New Jersey

Ich habe viele Wunder in meinem Leben erfahren. Als ehemaliger, hoch ausgezeichneter Polizeioffizier erlebte ich jahrelang nur die dunkle Seite des Lebens. Ich sah nichts als Gewalttätigkeit, Ärger, Tod und Verzweiflung, was mich tief beeindruckte. Am 28. März 1975 verlor ich meinen Glauben an Gott. An einem Karfreitag war ich in ein Feuergefecht mit einem Psychopathen verwickelt, der schließlich drei Polizisten niederschoß, von denen zwei starben. Es gab keine Möglichkeit sie zu retten, und ich mußte zusehen, wie sie verbluteten. Ich erinnere mich, verbarrikadiert hinter einem Baum stehend, wie ich weinte, überwältigt von dem Gefühl der Hilf- und Nutzlosigkeit. Ich begriff nicht, wie Gott so etwas an einem Karfreitag geschehen lassen konnte.

Ich vermochte die Realität, wie ich sie erlebt hatte, nicht zu akzeptieren und suchte Zuflucht zur Flasche. Binnen weniger Jahre war ich zum Alkoholiker geworden und hielt mich in Nervenheilanstalten, Entgiftungs- und Rehabilitationskliniken innerhalb und außerhalb des Bundesstaates auf. Ich endete schließlich als Obdachloser und schlief in den Wäldern. Ernsthaft versuchte ich mehrere Male, Selbstmord zu begehen, und doch konnte ich nicht sterben. Während eines Autounfalls wurde mein Wagen in zwei Teile geschlitzt, und dennoch blieb ich am Leben und wunderte mich, warum ich nicht sterben konnte.

Seit zehn Jahren bin ich dank der Hilfe und Liebe vieler engelgleicher Seelen trocken. Sie liebten mich, als ich mich nicht selber lieben konnte und pflegten mich wieder gesund. Ich erkannte, daß es eine höhere Kraft gegeben haben mußte, die mich während meiner dunklen Zeiten beschützt hatte. Mir wurde bewußt, daß mein Gang durch die Hölle nicht grundlos gewesen war und mein Überleben einen Sinn haben mußte. Durch eine Alkoholiker-Rehabilitationsgruppe schloß ich Frieden mit Gott und fand meinen Weg zurück zum geistigen Pfad. Ich betätige mich ebenfalls als Musiker, Dichter und Maler. Meine Gemälde werden in New Hope ausgestellt und erhalten hervorragende Beurteilungen. Bei einem meiner Bilder handelt es sich um das Portrait des Dalai Lama. Er gab mir seinen Segen im Jahre 1984, und ich arbeite mit dem U.S. Tibet Kommitee zusammen, das die Befreiung des Landes unterstützt. Heilige Männer von Indien und Tibet haben die Gallerie besucht, ohne zu wissen, was sie erwartete, und der Besitzer berichtete mir, daß er nie zuvor Vergleichbares erlebt habe. Die heiligen Männer erklärten, sie hätten sich zur Gallerie hingezogen gefühlt und dann meine Gemälde entdeckt. Einer gab mir einen goldenen Buddha-Anhänger, den der Dalai Lama kurz vor seiner Rückkehr nach Indien selbst gesegnet hatte. Nun beginne ich mit einer Serie von Engelbildern.

Zu Weihnachten schenkten mir meine Freunde Engel, die ich im gesamten Schlafzimmer verteilte. Ich baute einen Altar der Buddhas und Engel und lege meine Engelpost zu Füßen einer großen Buddha-Statue. Während ich meine Briefe schreibe, brenne ich Rosenduft-Räucherstäbchen ab und lausche „Angel Love" von Aeoliah*). Bevor

---

* Im Aquamarin Verlag erhältlich.

ich zur Arbeit gehe, meditiere ich. Die vergangenen Monate, seitdem ich die Engel in meine Tätigkeiten mit eingeschlossen habe, sind wunderbar gewesen.

Meine Lieblingszitate lauten unter anderem: „Der Unterschied zwischen einem Stolper- und einem Trittstein liegt in seinem Gebrauch" oder „Schmerz ist der Prüfstein zu jeglichem geistigen Wachstum". Diese Aussagen haben sich in meinem Leben bewahrheitet. Ich blicke auf meine schmerzliche Vergangenheit als auf eine große Lernerfahrung zurück und erkenne, daß ich nicht am heutigen Punkte angelangt wäre, hätte ich nicht meine persönliche Hölle durchwandert.

Mechelle
Georgia

Mein Brief entzog sich meinen Blicken und wurde aus irgendeinem Grunde vergessen. In letzter Zeit ging es ein wenig bergab, und ich betete intensiv um die Lösung einiger Probleme. Ich dachte darüber nach, wie schön es doch sei, wenn Menschen Rosen als Zeichen oder Antwort auf etwas erhielten. Ich aber brauchte einen Engel. Bitte, schickt mir einen Engel!

Nun, zusammen mit zwei wunderschönen "Engelkarten", sende ich Ihnen hier die kleine Notiz. Es war meinem Gedächtnis entfallen, daß ich sie geschrieben hatte, da ich mich zu stark von meinen Problemen verwirren ließ. Ironischerweise betrafen sie meine Kinder. Ich habe zwei, einen Jungen und ein Mädchen, und eine der beiliegenden "Engelkarten", die ich zog, zeigt ein Geschwisterpaar mit seinen beiden Schutzengeln. Gestern erhielt ich Ihren kurzen Brief und das Geschenk. Heute ist Muttertag, und ich sitze alleine da; keines meiner Kinder hat angerufen, aber es macht nichts.

In den letzten Wochen gingen mir viele Dinge durch den Kopf, unter anderem der Gedanke, daß ich mein Leben für die Kinder gelebt habe, die es mir nun so vergelten. Jahrelang habe ich sie alleine und ohne Unterstützung erzogen. Ich selbst durchlebte eine schreckliche Kindheit. Vielleicht habe ich aus diesem Grunde doppelt hart gearbeitet, um ihnen alles, was ich vermißte, geben zu können.

Der heutige Muttertag besitzt besondere Bedeutung für mich. Ihr Geschenk brachte mir die Antwort, das Wissen und *ein wirkliches Gefühl des Friedens.* Ich erkenne, daß ich zwei kleine Seelen in diese Welt brachte, die einem Zweck in meinem Leben dienten und nun ihren eigenen Weg gehen müssen. Ich kann sie nicht davor bewahren, aus ihren eigenen Fehlern zu lernen, und ich erkenne, daß ihre Schutzengel sie stets behüten werden, so wie auch mein Schutzengel an meiner Seite stand und stehen wird.

Pfarrer Patty Farr
New York

Wenn ich mein Amt als Geistlicher bisweilen allzu ernst nehme, dann heitern die Engel mich stets auf und geben mir die Kraft, neue Wege zu bahnen, indem sie mich manchmal zu Orten drängen, „die selbst Engel fürchten zu betreten......" Ich pflichte Ihrer Aussage bei, daß ihre Gegenwart, Mut, Stärke und vor allem sanfte, vollkommen bedingungslose Liebe mit sich bringt, was wie Balsam auf meine Verspannung, meinen Ernst und meine Ängstlichkeit wirkt. Sie bringen es sogar fertig, daß ich während der Meditation laut auflache. Meine beiden Töchter, acht und sechs Jahre alt, halten mich für verrückt, mögen es aber. Sie haben natürlich keinerlei Probleme, an Engel zu glauben. Tatsächlich sind sie mir immer wie zwei recht launische Erdenengel vorgekommen.

Auszug aus einer Predigt mit dem Titel:
„Freunde aus höheren Ebenen"

Etwa einen Monat nach dem Tode meines Vaters blickte ich während der Predigt im Sonntagsgottesdienst zufällig in ein mir unbekanntes Gesicht. Der Mann auf der Kirchenbank lächelte mich glückselig an. Er glich unwahrscheinlich stark meinem Vater und trug den gleichen lässigen Pullover, den dieser beim Golf- oder Tennisspiel zu tragen pflegte. Nach dem Gottesdienst kam dieser Mann nach vorne, um mir die Hand zu schütteln. Lange hielt er meine Hand in der seinen. Wir blickten uns in die Augen, und ich fühlte Tränen in mir aufsteigen. „Sie erinnern mich an meinen Vater", bemerkte ich vorsichtig. Er schenkte mir wieder dieses wundersame Lächeln und antwortete: „Nun, ich bin auf der Durchreise. Übrigens, ich wollte jetzt gerade zum Tennisplatz gehen." Mit diesen Worten verließ der Fremde die Kirche, und ich sah ihn nie wieder. Oft denke ich dankbar zurück an die Anwesenheit dieses Mannes an jenem Morgen in der Kirche und den Aufschwung, den er mir gab. Ob er nun ein Mensch war oder nur als solcher auftrat, mit Sicherheit war er auch ein Engel. Davon bin ich heute überzeugt.

Viele von uns werden wahrscheinlich in ihrem ganzen Leben der möglichen Existenz von Engeln nicht einen einzigen ernsthaften Gedanken schenken. Aber ebenso, wie wir uns in schweren Zeiten auf die Unterstützung liebevoller Familienmitglieder oder Freunde verlassen, können wir auch, wenn wir möchten, auf die Engel bauen, denn auch sie gehören zu unserer Familie in den geistigen Reichen.

Die Indianer besitzen ein wunderschönes Bild zum Verständnis. Sie bezeichnen unsere Erdenreise als Wanderung auf der roten Straße. Doch es gibt auch, wie sie sagen, eine andere, die sogenannte blaue Straße, den Weg des Geistes, wo unsere Vorfahren leben. Die Indianer glauben, daß wir für jeden menschlichen Kameraden auf der roten Straße ebenfalls einen unsichtbaren Freund auf der blauen haben, der uns auf unserer Erdenwanderung begleitet. Wir sind tatsächlich umgeben von Hilfe. Wie es im Hebräer-Brief heißt: „...Da eine so große Schar der Zeugen uns umgibt, so wollen wir jede Last und anhaftende Sünde beiseite legen und mit Ausdauer die Rennstrecke nehmen, indem wir auf Jesus, den Pionier, blicken, der unser Vertrauen nicht enttäuscht." (Hebräer 12:1-2)

Maeve Cooper
Iowa

Als ich Ihr Buch las, konnte ich mich sofort an Zeiten in meinem Leben erinnern, in denen ich menschlichen Engeln begegnete. Jede Einzelheit kehrte in mein Gedächtnis zurück, besonders aber jene Dinge, die die Engel mich lehrten. Ein Erlebnis möchte ich gerne mit Ihnen teilen, da es zum Wendepunkt in meinem Leben wurde.

Es liegt zwölf Jahre zurück. Sechs Jahre lang lebte ich in einer quälenden Beziehung zu dem Vater meines Sohnes, da er mich vor allem mental mißbrauchte. Aufgrund meiner starken Unsicherheit pflegte er mich in gemeiner und besitzergreifender Weise zu manipulieren. Ich besaß kaum Freiheit. Da ich bereits in meiner Kindheit wegen meines Übergewichtes gnadenlos gehänselt wurde, glaubte ich tatsächlich, daß es keine Möglichkeit gäbe, einen anständigen Mann anzuziehen. Ich glaubte, ich verdiente ihn nicht, da ich ja häßlich war. Wenn ich während eines Streitgespräches einwarf, ich wolle Schluß machen, dann erwiderte er bloß: „Du weißt, daß du das nicht kannst. Du wirst niemals einen Mann finden, der dich will, da es nicht viele Männer gibt, die fette Frauen mögen." Ich glaubte ihm natürlich.

1981 wurde ich schwanger. Zunächst schien sich unsere Beziehung zu bessern, doch je mehr der Zeitpunkt der Geburt näherrückte, desto stärker wurde er wieder zur selben gemeinen Person. Während der Schwangerschaft änderte sich mein Aussehen erheblich. Mein Haar wuchs lang und seidig, und meine Haut wurde kristallklar. Während der ersten sieben Monate verlor ich tatsächlich an Gewicht, obgleich das Baby wuchs. Es schien mein überschüssiges Körperfett zu verbrauchen, und ich wurde zusehends schlanker, ausgenommen dort, wo das Baby sich entwikkelte. Später erkannte ich, daß die Veränderung diesen Mann ängstigte und er sogar noch unsicherer war als ich selbst.

Im neunten Monat, kurz vor der Entbindung, wartete ich eines Tages an meinem Arbeitsplatz auf den Aufzug. Ein Kunde trat näher. Da ich in den Büros eines Kaufhauses arbeitete, nahm ich an, er wollte mich um Auskunft fragen. Er sah gut aus, doch obgleich nicht schäbig gekleidet, paßte er irgendwie nicht in unser Geschäft. Folgende Worte richtete er an mich: „Verzeihung, Fräulein, ich sehe, daß sie schwanger sind, und obwohl sie keinen Ring am Finger tragen, gibt es sicherlich einen dazugehörigen Mann. Aber ich muß ihnen einfach sagen, daß sie heute ungewöhnlich reizend aussehen, einfach strahlend."

In meiner Verblüffung konnte ich nur ein schwaches Danke murmeln. Er wünschte mir einen schönen Tag und verschwand um die Ecke in Richtung Kinderabteilung. Ein merkwürdiges Gefühl überkam mich, und ich wußte, ich mußte ihm nachgehen. Kaum zwanzig Sekunden waren verstrichen, doch als ich um die Ecke bog, war er spurlos verschwunden. Ich fragte den Verkäufer nach ihm, doch anscheinend hatte nur ich jenen Mann gesehen.

Damals wußte ich nicht, daß er ein Engel war, doch seine Worte habe ich nie vergessen. Im Gegenteil, sie bewirkten einen Wandel in mir. Augenblicklich erkannte ich, daß der Mann in meinem Leben mich belogen hatte. Es würde da draußen Männer geben, die mich für attraktiv hielten. Wichtiger noch, es wurde mir bewußt, daß ich nicht länger bei ihm bleiben und mich von ihm mißbrauchen lassen mußte. Ich war nicht dumm, häßlich oder was er sonst noch über mich sagte. Unser Sohn wurde geboren, und obgleich sich die Situation etwas entschärfte, spürte ich im Herzen, daß ich mich nicht mehr am richtigen Platz befand. Am ersten Geburtstag des Babys begann ich mich mit dem Gedanken zu tragen, ihn zu verlassen, was ich drei Monate später auch tat. Seither bin ich einen langen, oftmals steinigen Weg gewandert, in finanzieller Hinsicht und auch sonst. Nach der Begegnung mit meinem Engel krochen die Selbstzweifel viele Male wieder in mir hoch, aber die gute Nachricht, die er mir überbrachte, habe ich nie vergessen, und ich werde ihm für seine Hilfe in der Not stets dankbar sein. Ich erinnere mich an seine wunderschönen sanften Augen, die zu sagen schienen: „Du bist alles, was du sein mußt und verdienst mehr, als du besitzt." Die Engel an meiner Seite, schreite ich in dem Maße vorwärts, wie es mir zum Besten gereicht. Ich stehe an einem Punkt auf meinem persönlichen Weg, an dem ich endlich meine restlichen Selbstzweifel fallen lasse und lerne, mir selbst zu geben und mich bedingungslos zu lieben. Ich lerne, meinen Schutzengel Rita und meine geistige Führerin Chastity, die mir helfen, mich selbst zu erkennen, zu fühlen und zu hören. Ich necke die Indianerin Chastity wegen ihres Namens. Aber ich weiß, sie repräsentiert einen Aspekt von mir, bei dem sie versucht, mir zu helfen.

Die Erkenntnis, mit der Gabe übernatürlicher Fähigkeiten und unmittelbarer Kommunikation mit meinen Engeln gesegnet zu sein, verlieh meinem Selbstwert ungeheuren Auftrieb. Ich darf wissen und glaube endlich, daß ich in Gottes Augen einmalig bin und seine Gaben verdiene. Ich brauche ihn und die Engel nur um das, dessen ich bedarf, zu bitten.

Kathy Lynn Klinger
Fort Wayne, Indiana

Meine Engel sind während meines ganzen Lebens sichtbar gewesen. Kurz vor Geburt unseres zweiten Kindes, das erste zählte damals zwanzig Monate, verlor mein Mann seine Stelle, was ihn in tiefe Depressionen stürzte. Wir besaßen sozusagen *kein* Geld. Die Arbeitslosenunterstützung war abgelaufen, und wir hatten Rechnungen, aber nichts zu essen. Auf dem Heimweg vom Gynäkologen wiederholte mein Mann ständig, daß wir kein Geld besäßen, und ich hörte nicht auf, ihm zu versichern, daß Gott für uns sorgen werde, ich zwar nicht wisse wie, doch ich sei davon überzeugt.

Als wir zu Hause ankamen, fanden wir in der Post einen Bankauszug, aus dem hervorging, daß auf unser Konto Geld eingezahlt worden war. Mein Mann war sicher, daß es sich um einen Fehler handelte, und auch ich wollte kein Geld ausgeben, das uns nicht gehörte. Wir riefen also die Bank an. Diese bestätigte uns die Richtigkeit der Einzahlung, von der wir ohne weiteres Gebrauch machen konnten. Wir hatten also zu essen. Ein Segen Gottes!

Mehrere Monate später fand mein Mann wieder Arbeit, und wir erhielten einen Telefonanruf von der Bank, die uns mitteilte, daß das seinerzeit überwiesene Geld dem Konto des falschen Michael Klinger gutgeschrieben worden sei. Man wußte von unserem Anruf, hatte den Irrtum jedoch jetzt erst festgestellt. Man entschuldigte sich und bat um ratenweise Rückzahlung des Betrages. Nun, jetzt waren wir dazu in der Lage, da mein Mann arbeitete. Engel können sogar eine Anleihe zustandebringen, wenn es sonst niemand vermag!!

Terry Lynn Taylor

In zwei meiner anfänglichen Engel-Lektionen spielen Afro-Amerikaner eine Rolle. Von einem dieser Ereignisse, das im Dezember 1986 stattfand, möchte ich Ihnen erzählen. Nur wenigen Leuten habe ich davon erzählt und es bisher auch noch nicht niedergeschrieben.

Damals lebte ich in Virginia und beschloß, meine Familie während der Ferien in Kalifornien zu besuchen. Da ich mir genügend Zeit genommen hatte, wollte ich zum Spaß mit dem Zug quer durch das Land fahren. Mir war nicht bewußt, daß es weitaus mehr sein würde als nur Spaß.

Da auf der Strecke von Virginia nach Chicago die Schlafwagen der Touristenklasse ausgebucht waren, mußte ich die erste Nacht in einem normalen Sitz verbringen. Wie Sie vielleicht wissen, hält der Zug während der Nacht in verschiedenen Städten. Ich nickte immer wieder ein, wachte jedoch bei jedem Halt auf, konnte die Leute auf dem Bahnsteig beobachten und sehen, wer einstieg, ein großartiges „Stück vom Leben". Gegen vier Uhr morgens hielt der Zug. Ich erwachte und sah einen Mann in meinen Wagen einsteigen. Inzwischen gab es keine freien Fensterplätze mehr. Der Anblick dieses Mannes ließ mich fest annehmen, daß er die Nacht wahrscheinlich mit seinen Freunden, Zigarre rauchend, beim Pokerspiel zugebracht hatte und daher wohl nach Rauch und Bier riechen würde. Diese Gedanken durchzogen mein halbwaches Bewußtsein und saßen also tief. Auf keinen Fall wollte ich ihn neben mir haben und begann für alle Fälle innerlich zu singen: „Bitte, setze dich nicht neben mich, bitte setze dich nicht neben mich." Und was geschah? Er ließ sich direkt an meiner Seite nieder. Augenblicklich erfaßte mich eine Welle des Friedens und des Wohlbehagens. Doch das Beste von allem, er duftete wunderbar. Rasch schlief ich wieder ein und erwachte rechtzeitig, um einen einmalig schönen Sonnenaufgang mit herrlichen Engelwolken und Strömen des Lichtes zu erleben. Meine nächtliche, vom Dämmerzustand überraschte Voreingenommenheit drang sogleich in mein Bewußtsein, und ich erkannte, daß ich diesen Aspekt in mir jetzt annehmen und meine Lektion aus der Erfahrung ziehen mußte. Der Mann, ich werde ihn Ray nennen, den ich aus einem lächerlichen Grunde nicht neben mir haben wollte, saß noch auf seinem Platz, und ich war froh darum.

Ray betrachtete lächelnd den Sonnenaufgang. Schweigend blickten wir aus dem Fenster, als der Zug durch einen verkommenen, armseligen Stadtteil fuhr. Zu dieser Morgenstunde wollte ich gerne Musik von Georg Winston mit dem passenden Titel „Dezember" anhören. Ich holte also meinen Walkman heraus und lauschte dem wunderschönen Klavierspiel, während Häuser, in denen sicherlich niemand mehr wohnte, wenn man ihren heruntergekommenen, verwahrlosten Zustand betrachtete, an mir vorüberzogen. Mein Lieblingslied, „Some Children See Him", ertönte. Irgendwie klang es erhebender als gewöhnlich, vielleicht weil sich mir in diesem Augenblick ein ganz wunderbarer Anblick bot. Im oberen Stockwerk eines, wie ich glaubte, verlassenen Hauses, erschien das strahlende Gesicht eines kleinen Jungen, als er die Vorhänge zurückzog, um den Zug vorbeifahren zu sehen. Sein lockiges Haar leuchtete golden auf, und sein liebliches Lächeln traf mich tief im Herzen. Zweifellos hatte ich in das Antlitz eines Engels Gottes geblickt. Währenddessen ertönte der wunderbare Gesang über Kinder in meinen Ohren, und ein Gefühl des Friedens und der Liebe für die gesamte Menschheit erfüllte mich.

Ray erhob sich, um in den Speisewagen zu gehen. Wie hatte sich meine Meinung über ihn doch geändert. Wir hatten noch nicht miteinander gesprochen, doch irgendwie schien ich ihn zu kennen. Wenige Minuten später ging auch ich zum Frühstück, und es ergab sich, daß ich neben ihm einen Platz fand. Nun konnte ich ihn in Gesellschaft anderer Leute erleben. Mir fiel seine sanfte Stimme und das warmherzige Lächeln auf. Die Mitreisenden an unserem

Tisch fühlten sich ausgesprochen wohl und erzählten ihm alles Mögliche über sich selbst, ihre Reisen und so weiter. Er hörte jedem aufmerksam zu.

Wir erreichten Chicago, und ich stieg um. Nun stand mir ein kleines Abteil für mich alleine zur Verfügung, was ich durchaus begrüßte, da ich umherwandern oder mich zum Lesen still zurückziehen konnte. Auf einem meiner Ausflüge zum Aussichtswagen fand ich nur noch einen freien Platz, und zwar unmittelbar neben Ray. Auch er hatte diesen Zug bestiegen. Eine Mutter, ihren kleinen Sohn hinter sich herziehend, kam den Gang entlang. Als sie Ray erreichten, platzte der Junge heraus: „Schau, mein neuer Ring" und streckte ihm die kleine Hand entgegen. Die Mutter erschrak ein wenig, da sie annahm, ihr Sohn fiele zur Last. Doch Rays freundliche Reaktion gab dem kleinen Jungen das Gefühl der Besonderheit, so daß sie nur lächelte und sich entspannte. Nach diesem Vorfall mußte ich wieder an jenes Lied, das ich am Morgen gehört hatte, denken, und ich sah Gott in Ray.

Schließlich unterhielten wir uns. Ich fragte ihn nach seinem Reiseziel. Er wollte seine Tochter und Enkelkinder in der Nähe von Los Angeles besuchen und die Feiertage mit ihnen verbringen. Dann erzählte er mir einige wunderbare Dinge über seine Familie.

An diesem Abend ging ich in den Clubwagen und setzte mich mit drei weiteren Reisenden an einen Tisch. Mir gegenüber saßen zwei Afro-Amerikanerinnen. Die eine war in den Straßen Chicagos aufgewachsen, die andere hatte ein recht komfortables Leben geführt. Neben mir saß ein Weißer in seinen Zwanzigern, der in Bodybuilding „eingestiegen" war. Ich habe übrigens langes blondes Haar, blaue Augen und man hält mich für recht unschuldig aussehend, obwohl ich mit Sicherheit nicht von Gestern bin. Wir vier beschlossen, ein Spiel zu spielen. Die Frau aus den Straßen Chicagos sollte meine Partnerin sein, worüber sie sich nicht sehr erfreut zeigte. Doch ich versuchte, mich nicht davon beeinflussen zu lassen. Im Laufe des Spiels begannen wir beide zu gewinnen und freundeten uns an, da uns unser synchrones Spiel Freude bereitete. Ansonsten war an jenem Abend im Clubwagen nicht viel los, so daß unser Kartenspiel eine kleine Gruppe von Leuten, unter denen sich auch einige vom Zugpersonal befanden, anzog. Sie feuerten das Spiel an, und wir alle fanden viel Spaß. Wieder spürte ich jenen wunderbaren Frieden, als ich Ray lächelnd im Hintergrund stehen sah. In seiner Gegenwart fühlte ich mich sicher, so als ob ein guter alter Freund mit mir reise und meine Freude teile.

Die restliche Zugfahrt verlief großartig. Ich begegnete vielen freundlichen Menschen, mit denen ich mich unterhielt und lachte. Als ich Kalifornien erreichte, dachte ich über die Reise und Ray nach und begann ein gewisses Muster zu erkennen, das seine Anwesenheit hervorrief. Ich konnte nicht umhin, in ihm die Manifestation meines Schutzengels zu sehen. Oder es handelte sich einfach nur um einen engelgleichen Menschen, der überall, wo er hinkam, einen gewissen Zauber unter den Menschen verbreitete, so daß diese sich erfreuten und gut untereinander verstanden. Ich bin nicht sicher, ob ich den tiefen Eindruck, den diese Reise in mir hinterließ, mit Worten wiederzugeben vermochte. In Anwesenheit von Engeln geschehen immer äußerst subtile Dinge, die sich nur schwerlich in Worte fassen lassen. Doch eines weiß ich mit Sicherheit, Ray werde ich niemals vergessen. Im Hinblick auf Vorurteile und Einheit aller Menschen, habe ich eine neue Einstellung gewonnen. Einige Jahre danach arbeitete ich im Rahmen eines Rassen-Integrationsprogrammes im Schulbezirk von Los Angeles mit Kindern zusammen, wo ich einige der unglaublichsten Lehrer antraf – die Kinder.

Melinda Thiessen
Kalifornien

Als ich Ihre Schlußbemerkung las, daß Sie Engel-Geschichten zusammentragen, konnte ich nicht widerstehen, Ihnen von meinem Erlebnis zu berichten. Es geschah in San Francisco, wo ich alleine einen wunderschönen Sommertag zwischen Tausenden von Besuchern im Ghirardelli Square verbrachte. Ich liebe es, mit dem Hintergrund zu verschmelzen und zu beobachten, wie der Film des Lebens vor meinen Augen abläuft.

Nach einem wunderschönen, friedvollen und erfüllenden Tag kehrte ich am Abend im goldenen, überirdischen Licht des Sonnenuntergangs zu meinem Auto zurück. Ein freundlicher alter Afro-Amerikaner saß Zeitung lesend auf der Parkbank. Als ich an ihm vorüberging, ließ er die Zeitung sinken, und wir lächelten einander zu. Sein zerknittertes Lächeln baute eine warme, sonnenlichte Brücke, die uns trotz des Unterschiedes in Alter und Hautfarbe anstrengungslos in einem Augenblick der Zeitlosigkeit vereinte. In leicht südländischem Akzent sprach er mich mit seiner rauhen Stimme an: „Kind, dein Gesicht strahlt heller als die Sonne. Du mußt einen herrlichen Tag erlebt haben, denn wie ein Sonnenaufgang leuchtet die Freude aus dir. Du bist glücklich, denn du tust, was du tun sollst, und das macht deine Mitmenschen auch glücklich!"

Toll, er glich zwar keinem der Engel, die ich auf Bildern gesehen habe, aber ich weiß, daß mein zerknitterter, lächelnder Freund ein Engel ist und es genoß, jeden, dem er an jenem Tage begegnete, zu necken!

Dotti Wheeler
Sonoma, Kalifornien

In Ihrem Buch wiesen Sie auf die Möglichkeit hin, daß Engel selbst in ungewöhnlichen Umgebungen, wie zum Beispiel einer Bar, an Menschen herantreten. Vor vielen Jahren, in einer sehr schwierigen Zeit meines Lebens, machte ich eine derartige Erfahrung.

Der Engel nannte sich Judy und hieß mich, diese Geschichte niemandem zu erzählen, da man sie womöglich „herunterputzen" würde, weil sie sich in einer Bar ereignete. Ich bin niemals ein starker Trinker gewesen. Damals arbeitete ich von vier Uhr nachmittags bis Mitternacht in einem Seven/Eleven Laden. Ich besaß kein Auto und hatte einen winzigen Raum gemietet, der mit einem etwas heruntergekommenen Restaurant-Barbetrieb in Verbindung stand. Niemand wußte, daß ich zu jener Zeit unter Schwindelanfällen litt. Judy beruhigte mich und erklärte, es habe etwas mit dem heiligen Geist zu tun. Sie berichtete mir ebenfalls, wie sehr Gott mich liebe und wie kostbar ich sei. Letzteres trieb mir immer wieder die Tränen in die Augen, wenn ich davon erzählte. Sie erwähnte ebenfalls, daß ich meine Gebete nicht wiederholen solle, da man sie bereits gehört hätte. Auch sollte ich nicht versuchen, die Erfüllung meiner Wünsche zu „skizzieren", da Gott weitaus mehr für mich im Sinn habe.

Sie erzählte mir ebenfalls, ich werde meine Unterhaltung mit ihr vergessen, doch das trifft nicht zu. Sie erinnerte mich daran, daß stets Gott und nicht meinem Ego die Ehre gebührt, wenn „Veränderungen" in meinem Leben eintreten. Sie sprach auch von den dunklen Zeiten, die einer Besserung vorausgingen. Eine Dunkelheit, in der Tat! Etwa ein Jahr später wachte ich nach einer Augenoperation mit verbundenen Augen im Krankenhaus auf. Sie ermutigte mich, in dieser schwierigen Lebensphase nicht aufzugeben und am Licht festzuhalten. Da die himmlische Zeit kaum in unsere irdische Zeitrechnung zu übertragen sei, wolle sie keine genaueren Angaben über das Eintreffen dieser Veränderungen machen. Bei der Bar handelte es sich übrigens um eine ganz gewöhnliche Eckkneipe, die nur von den üblichen Kunden besucht wurde, Fremde gab es so gut wie gar keine. Das graue Kostüm und die weiße Bluse verliehen ihr das formelle und schicke Äußere einer Bibliothekarin oder Schullehrerin. Völlig fehl am Platze, in jener Umgebung!

Das liegt nun etwa sieben Jahre zurück. Den negativen Teil habe ich meiner Ansicht nach erlebt, den positiven jedoch noch nicht. Vor zwei Jahren verbrachte ich drei Sommermonate in meinem Wagen, eine recht trostlose Zeit in meinem Leben. Ich möchte gerne die Geschichten anderer über ihre Begegnung mit Engeln lesen.

Tom McClellan

Ontario, Kanada

Mit etwa zwanzig, alleinstehend, ohne konkretes Ziel – ich hatte meinen Entschluß, in den Karmeliter-Orden einzutreten, aufgegeben – saß ich in Windsor am Ufer des Detroit-Flusses, sann über meine Zukunft nach und bat Gott um ein Zeichen. Es gelang mir nicht zu meditieren, weshalb ich beschloß, per Anhalter zu meiner kleinen Wohnung zurückzufahren. Ein junger Marineoffizier, in weißer Uniform, saß am Steuer des ersten Wagens, der anhielt. Er erzählte, daß er früher nicht genau gewußt habe, was er tun wolle, die Dinge sich aber ergeben hätten, als er das für ihn damals scheinbar Richtige tat.

Etwas Seltsames umgab diesen Marineoffizier. Er schien nicht reich, doch auffallend zufrieden, ruhig und selbstbewußt zu sein. Damals hatte ich das Gefühl, daß Gott mir durch ihn eine Anwort übermittelte. Ich wunderte mich, daß Kanada auf den Großen Seen mit seiner Marine, abgesehen von seltenen Ausnahmen, nicht vertreten war und dieser Seemann, mit seinem alten Auto, zufällig den Riverside Drive entlangfuhr, als ich eine Mitfahrgelegenheit brauchte. Seeleute hatte ich schon immer bewundert, und als kleiner Junge wollte ich Steuermann werden. Die Lektüre Ihres ersten Buches überzeugte mich, daß es sich bei jenem Marineoffizier um einen Engel handelte, der als Antwort auf mein Gebet kam.

Als ich vor einigen Jahren im Miracle Food Mart, einem Lebensmittelgeschäft, arbeitete, überlegte ich, ob ich mit dieser Arbeit Gottes Absicht für mein Leben verwirklichte. Eines nachts, etwa gegen 23:30 Uhr, sah ich auf meinem Weg zur Arbeit einen purpurfarbenen Lichtstreifen über den Himmel ziehen, der dann wie ein Meteorit, der auf den Boden schlägt, explodierte. Niemand berichtete später von diesem Ereignis.

Erst vor wenigen Tagen fragte ich mich, ob es wohl möglich wäre, genügend Liebe zu entwickeln, um die Person meiner Idealvorstellung zu sein. In diesem Augenblick tauchten etwa zwanzig Möwen aus dem Nichts auf und flogen über mich hinweg.

Suzanna Solomon
Washington, D.C.

(TLT: Ich interviewte Suzanna für „Das Engelforum" in „Boten des Lichtes" und hatte nach ihrem Umzug den Kontakt mit ihr verloren. Nach einer Serie von Zufällen kreuzten sich unsere Wege erneut.)

Ich sitze am Fenster und blicke in den Frühlingstag hinaus. Die leuchtend rosa und weißen Blüten auf dem Weg unterbrechen das Grau dieses Regentages, und ich fühle die Erregung der sich versammelnden Engel über die neuen, herrlichen Dinge, die anstehen.

Seit Sie mich damals, als wir beide in Malibu lebten (1989), für Ihr Buch interviewten, habe ich häufig an Sie und Ihre positive Arbeit gedacht. Welche Freude hat es mir bereitet, Ihr veröffentlichtes Buch hier in Washington, D.C. zu finden. Viele Menschen haben mich aufgesucht, um ihrem Engel, aufgrund dessen, was Sie schrieben, zu begegnen. Innerhalb eines Tages oder einer Woche wurden sie in geheimnisvoller Weise geführt, um meine Anzeige hinsichtlich der Begegnung mit seinem Engel und dessen Unterstützung im *Pathway Magazin* zu finden. Sie empfanden die Synchronizität und wußten um ihre göttliche Führung.

Hier in D.C. haben die Engel mich dazu gebracht zu leben, und herrlich intensive zweieinhalb Jahre liegen inzwischen hinter mir. Mein Sohn besitzt mitten in der Stadt, in einer Afro-Amerikanischen Nachbarschaft, ein wunderschönes Viktorianisches Steinhaus, dessen drittes Stockwerk ich bewohne. Sirenen der Feuerwehrwagen heulen auf, um sich Durchlaß zu verschaffen und rumpelnde Laster erschüttern im Vorbeifahren das ganze Haus. Arbeitslose Männer lungern an den Ecken, trinken Bier und verkaufen Drogen. Ein ferner Ruf aus dem wundervollen Malibu, doch trotz allem fühle ich mich hier, in meinem himmlischen, von der Gegenwart der Engel und des Lichtes erfüllten Sanktuarium, zu Hause.

Vor einigen Monaten besuchte ich mit meiner Freundin einen Supermarkt. Der lange Tag, den wir mit Besichtigungen verbrachten, hatte uns ermüdet. Wir schleppten uns in den Laden, um für das Abendessen einzukaufen. Gleich beim Eintritt traf mein Blick den eines Afro-Amerikaners, der die Äpfel ordnete. Ich konnte nicht umhin, ihm zuzulächeln. Mein göttliches Selbst durchbrach meine Müdigkeit. Als wir näher traten, erklärte er mit funkelnden Augen und liebevollem Herzen: „Was hat es mit dem goldenen Licht auf sich, das sie beide umgibt? Wer sind sie? Ich habe noch nie zuvor etwas Vergleichbares gesehen." Ich erwiderte: „Sie sehen unser Gotteslicht. Aufgrund unserer Einheit vermögen sie mit den Augen ihres göttliches Selbst zu sehen. Danke, sie erinnern uns, daß wir trotz unserer menschlichen Gebrechlichkeit unser strahlendes göttliches Selbst sind." Mit Tränen in den Augen antwortete er: „Wäre es nicht wunderbar, wenn ungeachtet der Hautfarbe, Größe und Gestalt, Mann oder Frau, reich oder arm, alle Menschen im anderen das Gotteslicht sehen und fühlen könnten? Dann wäre gewiß alles anders." Jedesmal, wenn ich zum Supermarkt gehe, treffen wir uns für einen kurzen, aufmunternden Augenblick. Die Lektion und der

Zweck meines Aufenthaltes in D.C. liegt tatsächlich darin, die Gegenwart Gottes in jedem, allem und überall zu sehen, zu fühlen und zu erkennen. Soeben bricht die Sonne hervor, und die Feuchtigkeit blitzt leuchtend auf, meine eigene innere Strahlkraft bestätigend und unsere Einheit mit den Engeln fühlend.

Kathy Faulstich
Kalifornien

Vor etwa fünfzehn Jahren, genau kann ich mich nicht mehr erinnern, erlebte mein Mann Vern folgendes Geschehnis.

Vier Tage lang erhielt Vern im Wachzustand, an seinem Schreibtisch, bei der Arbeit oder vor dem Fernseher, mehrmals am Tage eine Botschaft, die folgendermaßen lautete: „Achte auf den Jungen mit der Rose." Immer wieder vernahm er diese Worte. Er hatte seinen Onkel Bud stets als seinen „Privatengel" bezeichnet und nahm demnach an, die Botschaft käme von ihm.

An einem Tage kam diese Durchsage viermal. Vern besuchte ein Kaffeehaus, in dem er mindestens fünf Jahre nicht mehr gewesen war. Er setzte sich neben einen sechzehn- oder siebzehnjährigen Jungen an die Theke, vor dem ein kleines Kuchenstück und ein Glas Wasser standen. Vern bemerkte, das sei wohl etwas wenig für einen jungen, starken Burschen wie ihn. Der Junge warf ihm einen bösen Blick zu und machte eine häßliche Bemerkung. Vern fragte: „Wo liegt das Problem, mein Sohn?" Er antwortete nicht. Vern wiederholte seine Frage und der Junge gab zurück: „Das geht sie einen … an."

In diesem Moment griff er mit der Linken nach seinem

Wasserglas, und Vern entdeckte eine tätowierte Rose auf dem linken Arm, gerade unterhalb des Ellbogens. Nun wußte er, daß er den Jungen gefunden hatte, dem er helfen sollte. Erneut begann er, ihn nach seinen Schwierigkeiten zu fragen, bis dieser schließlich antwortete: „Und was ist ihr Problem?" „Ich habe keines", erwiderte Vern, „aber du, und man hat mich geschickt, um dir zu helfen." Der Junge blickte Vern an und fragte: „Sind sie ein Spinner?" „Ja", entgegnete Vern, „man hat mich als Spinner bezeichnet, viele Male sogar noch schlimmer, doch es hat mich nie gestört, denn ich bin ein ganz besonderer Spinner. Ich kann den Leuten helfen, große Lebensprobleme zu lösen. Du kannst mir also auch deines erzählen, da ich dich nicht eher verlassen werde, als bis ich es weiß." „Nun, keiner kann mir helfen, nicht einmal ein Spinner", erwiderte der Junge. „Mein Leben ist ein einziger Schlamassel, und als einziger Ausweg bleibt der Selbstmord. Ich habe einen todsicheren Plan. Wollen sie ihn hören?" „Nein", gab Vern zur Antwort, „ich will nur wissen *warum*, nicht *wie.*"

Der Junge fuhr fort und erklärte, seine Eltern seien sein einziges Problem (so dachte er zumindest). Sie nahmen ihm seinen goldenen Ohrring, seine Stereoanlage, sein Auto und sein Taschengeld und bestanden darauf, daß er intensiver in der Schule arbeite, zur Kirche gehe, ein Buch pro Monat lese und so weiter. Außerdem verlangte man von ihm, daß er drei Tage in der Woche zu Hause verbrachte. Vern bemühte sich, während dieser Ausführungen ernst zu bleiben, doch ein Lächeln huschte über sein Gesicht, was den Jungen nur noch ärgerlicher stimmte. „Es ist keineswegs lustig, mein Herr. Mein Leben gleicht der Hölle. Ich besitze überhaupt keine Freiheit, muß noch ein Jahr lang die Schule besuchen und halte es einfach nicht mehr aus. Ich wäre besser tot, und dann können „sie" damit leben, daß sie mich umgebracht haben." An diesem Punkt wurde Vern sehr ernst und erklärte ihm seine Theorie.

„Ich möchte dir gerne etwas erzählen, das vielleicht etwas abwegig ist, dir vielleicht aber helfen wird. Höre einfach eine Weile still zu, und wenn du danach immer noch derselben Meinung sein solltest, dann sagen wir einander Lebewohl. Abgemacht?" Der Junge stimmte einschränkt zu: „Aber bitte keine Predigt und kein Anschreien, wie ich es vierundzwanzig Stunden lang jeden Tag zu hören bekomme."

Vern begann, ihm eine seiner metaphysischen Lebenstheorien zu unterbreiten. Das Gesicht des Jungen hellte sich auf und zeigte kindliche Züge. „Ich bin nicht sicher, warum deine Eltern alle diese Regeln festgelegt haben, vielleicht aus Liebe, doch das spielt jetzt keine Rolle." Der Junge blickte verblüfft, schwieg jedoch, und Vern fuhr fort. „Ich glaube, du mußt erkennen, daß *du* diese beiden Menschen zu deiner Mutter und deinem Vater erkoren hast. „Auf gar keinen Fall", warf der Junge ein. „Ich würde niemals jemanden aussuchen, der sich so gemein verhält. Übrigens, wie hätte ich sie denn überhaupt wählen können, ich war ja nicht einmal geboren, als sie sich begegneten. Das ist doch Unsinn! Sie sind wirklich verrückt!"

Vern fuhr fort: „Ich glaube an Reinkarnation und auch, daß sich deine Seele, jener unsterbliche Teil von dir, in der Zeit, als du dich zwischen deinem letzten und diesem Leben im Universum ausruhtest, nach irdischen Eltern umschaute. Durch die Vereinigung dieses Mannes und dieser Frau konnte ein physischer Träger, dein Körper, geschaffen werden. Dein Seelenfunke trat in diesen Körper, und da bist du jetzt. Nun denke einmal an den Haß, den du für diese beiden Menschen empfindest. Du blicktest einst aus dem Universum auf die Erde und entdecktest sie unter den zahllosen Erdenbewohnern. Du fandest Gefallen an ihnen, ihren Werten und begannst Fäden zu spinnen, um sie zueinanderzuführen, damit du in diesem Leben Teil ihrer Familie sein konntest. Das nächste Mal wählst du vielleicht andere Eltern, vielleicht aber auch dieselben. Ich möchte dich also bitten, einmal über deine negativen Gefühle, die du ihnen gegenüber hegst, nachzudenken. Glaubst du nicht, daß deine Selbstmordgedanken, in Anbetracht dessen, daß du deine Eltern ausgesucht hast, und nicht sie dich, jeglicher Grundlage entbehren?" Es trat eine lange Pause ein. Unerwartet ruhig erwiderte der Junge: „Sie glauben wirklich, was sie da gerade erzählt haben, nicht wahr?" Vern antwortete: „Ja, natürlich! Erwäge doch nur einmal die Möglichkeit, daß du ein Mitglied dieser Familie sein wolltest. Vielleicht denken deine Schulkameraden, deine Eltern seien zu altmodisch, oder aber du bist ein eigensinniges Kind, dem man die Hosen stramm ziehen muß. Was auch immer, vergiß nicht, daß es dir vor langer Zeit zusagte, was du von der anderen Seite aus sahst. Gehe nach Hause und schaue dir genau an, was du siehst. Versuche, mit deinen Eltern zu sprechen und höre dieses Mal zu. Bitte sie, auch dich anzuhören. Wenn du möchstest, daß ich mitgehe, laß es mich wissen. In jedem Falle wage den Versuch, erwarte jedoch kein unmittelbares Wunder. Zu leben, bedeutet für dich und deine Eltern harte Arbeit, doch gib ihnen eine Chance. Arbeite intensiv daran. Du kannst es. Wenn du dann feststellst, daß dein Leben im Elternhaus zu große Schwierigkeiten mit sich bringt, dann verlasse es, sobald du achtzehn geworden bist. Gehe zur Marine, zur

Schule, lebe dein eigenes Leben. Denke daran, du wolltest dieses Leben. Also *lebe,* und *beende* es nicht!"

Tränen in den Augen entgegnete der Junge: „Herr, sie sind doch verrückt, aber ihre Theorie klingt so abwegig, daß etwas Wahres daran sein muß. Auf jeden Fall aber haben sie Mitgefühl. Danke, Mann!" Er verließ das Kaffeehaus, und Vern sah ihn nie wieder. Ich jedoch begegnete ihm, und zwar bei der Beerdigung meines Mannes. Ein hochgewachsener junger Mann, Anfang dreißig, kam auf mich zu : „Ich mußte heute kommen, um Vern Lebewohl zu sagen und ihm zu danken. Er hat mir einmal auf den Weg geholfen, und heute habe ich eine wunderbare Frau und zwei Kinder. Die Beziehung zu meinen Eltern gestaltet sich immer noch schwierig, doch wir sprechen miteinander und besuchen uns gelegentlich." Auf meine Frage: „Wer sind sie?" antwortete er: „Der Junge mit der Rose", wobei er seinen Arm ausstreckte, damit ich mich überzeugen konnte."

6
Eltern schreiben über ihre Kinder

Mir ist stets bewußt gewesen, daß ein Schutzengel über mir wacht. Wann ich zum ersten Male von ihm hörte und ob es durch einen bestimmten Menschen geschah, daran erinnere ich mich nicht mehr. Meine frühesten Erinnerungen kreisen um Gefühle, Empfindungen von Anmut, Zauber, Schönheit und das Einssein mit dem in unserem weitläufigen Hinterhof vibrierenden Leben. Ich erinnere mich an das goldene Licht, das mich in den Schlaf begleitete und wissen ließ, daß ich nicht alleine war. Meine Erfahrungen mit Engeln lagen immer jenseits des Nur-Glaubens. Sie entsprangen einem tiefen inneren Wissen, noch lange bevor ich diese Erde betrat. Seit meiner Geburt weiß ich um den Engel an meiner Seite. Sie mögen nun denken, das läßt sich leicht behaupten, da wir alle unsere Vergangenheit nach Belieben erdichten können. Berichte der Eltern über die Erfahrungen ihrer Kinder bestätigen jedoch jenes Wissen. Viele Eltern stellen fest, daß ihre Kinder an Engel glauben, selbst wenn diese nie von Erwachsenen erwähnt wurden.

Meine beiden Nichten und mein Neffe lehrten mich so manches über Engel, Freude und Übermütigkeit. Als ich mein erstes Buch schrieb, bat ich sie, mir einiges von den Engeln zu erzählen. Die damals vierjährige Jessica berichtete, daß Engel in der Dunkelheit sehr wahrscheinlich leuchten und erklärte dann mit Überzeugung: „Wir wissen natürlich, daß sie Füße haben." Alle brachen in Lachen aus über diese Feststellung. Doch dann ereignete sich etwas Besonderes. Die achtjährige Elisabeth schrieb für mein erstes Buch ein Gedicht über Engel und las es uns vor. Jessica hörte aufmerksam zu. Bei der Zeile: „Und ich weiß, du kannst deine

Hand nicht ausstrecken und sie berühren", nahm ihr Gesicht einen seltsamen Ausdruck an. Sie reichte mit dem Arm hinter sich und tastete in der Dunkelheit herum, als wolle sie nach etwas greifen. Zweierlei Gedanken tauchten in mir auf. Erstens, sie nahm an, daß ihr Engel jederzeit unmittelbar hinter ihr stehe und zweitens, es war ihr nie in den Sinn gekommen, daß sie ihn nicht mit ihrer Hand fühlen könne.

Die meisten Kinder, die die Gegenwart von Engeln spüren, sehen in ihnen Beschützer, Wesen, die sie vor den kleinen Ängsten und Sorgen, die auch sie befallen können, befreien. Wir sollten mit unseren Kindern offen über die Existenz der Engel sprechen und sie in einer Weise informieren, die ihnen keinerlei Angst einflößt und die sie annehmen können. Dann werden die Angst- und Sorgemuster, in die die Menschen lediglich aufgrund ihres Erdendaseins hineinzugeraten scheinen, in späteren Jahren kein solches Problem mehr darstellen. Glauben ihre Kinder bereits an die Engel oder aber haben sie von ihnen erzählt, dann beteuern sie täglich deren Liebe und Schutz. Kinder verfügen über eine derartige Kreativität, daß sie ihre Beziehung zu den Engeln in ihrer eigenen Weise auszudehnen vermögen, was für die Eltern ein Geschenk bedeuten wird, falls sie ein solches Verhältnis schlicht und positiv unterstützen und zulassen. Kinder und Engel erfüllen mich stets mit großer Freude und Heiterkeit. Die bloße Gegenwart eines Kindes kann bisweilen zu einem wahren Engelerlebnis werden. Die unschuldige, natürliche kindliche Erfahrung erweist sich als direkte Bestätigung der Existenz der Engelwesen. Ich bin sicher, daß viele Eltern heutzutage diese Feststellung machen. Die im folgenden wiedergegebenen Briefe von Eltern berichten von den Engel-Erlebnissen ihrer Kinder.

Stacy und Tessa Sutherland
Kalifornien

Meine fünfeinhalbjährige Tochter wollte gerne an einem
Theaterspiel in der Schule teilnehmen und mußte zu diesem Zweck ein Lied vorsingen. Nach einigen Überlegun-
gen entschieden wir uns für „Itsy, Bitsy Spider". Abgesehen von kleinen Pannen, sang sie dieses Lied etwa andert-
halb Tage lang recht ordentlich. Fünf Minuten vor ihrem
Probesingen jedoch hatte sie den Text vergessen, was mich
sehr enttäuschte. Nach mehreren vergeblichen Bemühungen, sie das Lied erneut zu lehren, versuchte ich sie dazu zu
bewegen, „Happy Birthday" vorzusingen. Doch auch an
diese Worte erinnerte sie sich nicht mehr. Sie versicherte
mir übrigens ganz entschieden, daß sie nicht nervös sei.
Nun, dachte ich bei mir, entweder rege ich mich über das
Ganze auf oder aber lasse ihm einfach seinen Lauf und mache das Beste aus der Situation. Ich entschied mich für letzteres und erklärte Tessa: „Gehe auf die Bühne und singe,
was dir gerade einfällt, ganz gleich, welches Lied, es wird
schon klappen." „Ist in Ordnung", entgegnete sie und
stellte sich für das Probevorsingen an. Unterdessen begab
ich mich in einen "meditativen Alpha-Zustand" und bat
Tessas Schutzengel um Führung und Beistand sowie das
Beste für mein Kind.

Tessa stellte sich vor etwa dreißig Leuten kerzengerade
und stolz hin. Mit strahlendem Lächeln und klarer, lauter
Stimme sang sie in perfekter Tonlage folgendes Lied: „Ein
kleiner, fünf kleine, sechs kleine Engel. Sieben kleine Engel hier!" Ich brauche meine Verblüffung und den starken
Applaus, den sie erhielt, wohl nicht zu erwähnen.

(TLT: *In einem späteren Brief berichtete Stacy mir, daß Tessa tatsächlich eine Rolle in jenem Spiel erhielt, und zwar als Mümmelmann.*)

Christina L. Ross
North Carolina

Während ich die ersten Seiten des Buches *Warum Engel fliegen können* las, ereignete sich etwas Wunderbares, was ich Ihnen gerne berichten möchte.

Meine beiden zehnjährigen Zwillingstöchter, Katie und Amy, sind wirklich ein Segen Gottes. Ohne zu wissen, daß ich in Ihrem Buch las, überraschten sie mich mit einer Geschichte über den Beistand der Engel. Sie hatten ihr Erlebnis viele Monate lang geheimgehalten, da sie befürchteten, wegen ihrer Unachtsamkeit „in Schwierigkeiten zu geraten". Ich werde das Geschehen in Amys Worten wiedergeben, so wie sie es sah, ein zauberhaftes Bild.

Amy: „Wir wollten im Hof schaukeln und hatten unsere zahmen Kaninchen zum Spielen freigelassen. Als Katie zu schaukeln begann, hüpfte ihr Hase Priscilla genau an jene Stelle, auf der ihre Füße den Boden berührt hätten. Katie meinte, ihr Fuß werde den Hasen sicherlich nicht treffen, wenn sie hoch genug schaukelte, und sie schwang sich höher als das Garagendach (über drei Meter). Da verfing sich ihr Fuß im Stützbalken der Schaukel, und sie wurde in die Luft geschleudert. Dann sah ich etwas ganz Unglaubliches. Katie drehte sich in der Luft langsam um dreihundertsechzig Grad und landete auf ihrem Hinterteil im Gras, knapp neben Priscilla. Zwei Engel, ein Junge und ein Mädchen, standen an ihrer rechten beziehungsweise linken Seite, und durch die herrliche Farbenpracht von dunklem und hellem Rosa sowie einem blaßen Blau und Gelb hindurch konnte ich dennoch Katie und ihre Kleidung erkennen. Dort, wo die Engel sie berührten, leuchtete ein wunderbares Licht an ihren Schultern und Hüften. Dafür, daß sie so hoch in der Luft gewesen war, landete sie unwahrscheinlich sanft auf dem Boden. Dieses Bild werde ich niemals vergessen!"

Sie können sich sicher vorstellen, wie sehr mich diese Erzählung verblüffte. Dann überkam mich ein unkontrollierbarer Zwang, in Lachen auszubrechen, was die beiden Mädchen schockierte. Sie konnten einfach nicht fassen, daß sie nicht in Schwierigkeiten gerieten, weil sie zu hoch geschaukelt, die Hasen freigelassen und somit ihr Leben in Gefahr gebracht hatten. Tränen standen in ihren Augen. Ich bat Katie, den Engeln für deren Beistand zu danken und darüber nachzudenken, was aufgrund ihrer Unvorsichtigkeit und ohne jene himmlische Hilfe hätte passieren können. Obgleich Katie die Berührung der Engel nicht gespürt hatte, überkam sie während des Absturzes ein Gefühl der Sicherheit, wie sie mir berichtete.

Zufälligerweise (ha,ha) rief mich am selben Tage meine Mutter, von der ich seit zwei Monaten nichts mehr gehört hatte, an. Ich erzählte ihr von dem Erlebnis ihrer Enkeltochter Amy. Überrascht entgegnete sie: „Unglaublich, meine Freundin verließ vor wenigen Minuten das Haus. Während der letzten sechs Stunden haben wir uns ausschließlich über das Thema Engel unterhalten. Ich habe bisher nie weiter darüber nachgedacht, doch glaube mir, von nun an werde ich es." „Mutter", erwiderte ich, „je länger ich lebe, desto eindeutiger erkenne ich, daß nichts rein zufällig geschieht. Es steht uns nicht an zu fragen, sondern für jede einzelne Begebenheit, die uns die Engel schenken, zu danken."

(TLT: Mir gefällt, wie Christina ihre Kinder belehrte, den Engeln für ihren Beistand zu danken und das Erlebnis als eine positive Lebenslektion zu betrachten.)

Don Kerr
Washington

Ich möchte von meinem Sohn Gavin erzählen. Er ist vielfach behindert, da er unter dem Down's und Klinefelter's Syndrom sowie Epilepsie und teilweiser Verkrüppelung leidet. Er hat anscheinend drei oder vier Schicksalsschläge zu verkraften, doch ich glaube, er kommt aus dem Engelreich. Seine gesamte Persönlichkeit *strahlt* nur so vor Humor, Liebenswürdigkeit und Liebe. Niemals läßt er eine Auseinandersetzung zwischen meiner Frau und mir zu. Er beendet kurzerhand unsere kleine Zänkerei. Zur Zeit nimmt er tagsüber an einem Sommerferienlager für Behinderte teil, und die Betreuer möchten ihn alle in ihrer jeweiligen Gruppe haben. Er wird allgemein wegen seiner Freundlichkeit und Zusammenarbeit geliebt.

Glauben Sie, ein Engel lebt in meinem Hause? Der Pastor erzählte mir, daß Gavin freiwillig die Kirchenbesucher bei ihrem Eintritt willkommen heißt und er vielen eine tiefgreifende Lektion im Hinblick auf Liebe gelehrt hat. Ist es nicht gerade das, was die Engel am besten verstehen?

Terry Lynn Taylor

Dons Brief erinnerte mich an ein kleines Mädchen, das ich einmal kannte. Es wohnte im selben Hauskomplex wie ich

140

und zählte damals drei Jahre. Ich werde sie Jennifer nennen. Noch bevor ich ihr selbst begegnete, hörte ich von ihr und dem Leid, daß ihr vermutlich durch Kinderlähmung hervorgerufener Zustand der Familie bereitete. Ein Beatmungsgerät hielt sie am Leben, und sie bedurfte der Pflege rund um die Uhr. Erschwerend kam hinzu, daß sie nicht sprechen und ihre Gliedmaßen nur begrenzt gebrauchen konnte. Ihr Zustand zehrte unter anderem an den Finanzen der Familie. Dieses Schicksal erfüllte mich mit tiefer Traurigkeit.

Dann lernte ich Jennifers älteste Schwester kennen und gab ihr eine Ausgabe des Buches *Warum Engel fliegen können* für ihre Mutter mit. Eines Tages radelte diese an unserem Haus vorüber. Sie hielt an, um sich für das Buch zu bedanken und erzählte mir, daß sie über Engel nachgedacht habe und die Familie nach einer Diskussion einhellig zu der Überzeugung gelangt sei, daß Jennifer der Engel in der Familie sei. Sie zeige niemals irgendeine Art von Ärger oder jener Bösartigkeit, die Kinder gelegentlich an den Tag legen. Ihr liebes Wesen lehre die Familie eine zuvor ungeahnte Form der Liebe. Das Kind führte seine Mutter außerdem zu einer völlig neuen Berufslaufbahn. Sie absolvierte eine Ausbildung als Krankenschwester.

Wie ungewöhnlich, dachte ich bei mir, ich würde diesem kleinen Mädchen gerne einmal begegnen. Seltsam, und ich hatte Mitleid für eine Familie empfunden, die an den Engel in ihrer Mitte glaubte. Ein oder zwei Tage später saß ich im Wohnzimmer, versunken in meiner schlechten Laune, da ich mich über irgendeine Nichtigkeit geärgert hatte. Da vernahm ich ein Geräusch vor dem Fenster. Ich blickte hinaus und sah etwas, das ich niemals vergessen werde. Jennifer kam in ihrem Spezialkinderwagen vorbei.

Das Sonnenlicht spielte in ihrem blonden Haar, und in jeder Hand hielt sie eine Löwenzahnblume. Ein unbeschreiblich seliges Lächeln lag auf ihren Zügen, als sie von einer Blüte zur anderen schaute, so als seien diese die wunderbarsten Schöpfungen des Universums. Die Freude leuchtete aus ihren Augen, und ein strahlendes Licht reflektierte von ihrem hübschen Gesicht. Unvermittelt überströmte mich eine Woge der Liebe, und Tränen rannen aus meinen Augen. Diese Szene wirkte einfach überwältigend auf mich. Meine negative Laune schwand augenblicklich, und zurück blieben Inspiration und Herzensfreude. Später dann begegnete ich diesem schönen, intelligenten kleinen Mädchen. Ich konnte ihrer Mutter nur beipflichten – ein Engel lebte in ihrem Hause!

Joshua G. und Mary G.
Colorado Springs, Colorado/Hinesville, Georgia
Erster Brief

Ich bin mir nicht ganz sicher, ob ich Ihnen das Folgende schreiben und erzählen soll. Mein sechsjähriger Sohn Joshua spricht ständig mit seinem Engel. Er begegnete ihr im Kinderhort, und er nennt sie Brenda. Er erzählte mir, daß nur er alleine sie zu sehen vermag, ich dürfe es nicht. Sie begleitet Joshua überall hin. Brenda berichtete ihm auch über den Zustand seines Vaters, als dieser sich während des Krieges in Saudi-Arabien aufhielt. Es war unwahrscheinlich aufregend! Doch ich wußte, meinem Mann ging es gut. Nach Joshuas Worten bleibt Brenda in seinem Zimmer. Vorher zog sie sich immer in die Berge, wo sie lebt, zurück. Sie und ihre Familie wurden dort getötet. Mein

Sohn berichtete mir auch, auf welche Weise er sich mit Brenda unterhält. „Ihr Geist spricht zu meinem Geist und umgekehrt. Wir reden nicht miteinander wie du und ich."

Zweiter Brief

Alles läuft wirklich gut für uns. Unser Leben hat sich gewaltig verändert – ich muß gestehen, wegen Joshua. Aufgrund der Versetzung meines Mannes mußten wir nach Hinesville, Georgia umziehen. Ich beschloß, Joshua und seinen jüngeren Bruder mit dem Flugzeug vorauszuschikken, während ich selbst mit meinem ältesten Sohn und den drei Katzen im Auto fahren wollte. Doch es ergab sich, daß wir alle gemeinsam fuhren. Als Joshua hörte, daß er fliegen solle, erklärte er uns, Brenda werde ihn und den Bruder beschützen. Ich bedürfe ihrer nicht, da ihr Vater bei mir sein werde. „Wer ist das?" fragte ich Joshua. „Du weißt doch", erwiderte er, „Gott." „Gut, ich werde es schaffen." Die Fahrt von Colorado nach Georgia verlief großartig, und Brenda beschützte die ganze Familie. Eines sollte ich noch erwähnen; Brenda wünscht, daß Joshua viel betet. Sie beten gemeinsam. Sie hat ihn auch zu zahlreichen Burgen geführt, von denen er eine zeichnete. Das Bild ist ihm gut gelungen. Brenda führt ihn fast jede Nacht irgendwohin, wie er sagt.

Eileen D. und Michael D.
Kalifornien

Mein dreizehnjähriger Sohn Michael wurde am 29. September geboren. Erst fünf Jahre später, beim Durchblättern eines Namenbuches, entdeckte ich, daß dieser Tag dem Hl. Michael geweiht ist. Seit seinem achten Lebensjahr (soweit ich weiß) steht meinem Sohn ein geistiger Freund, mit Namen Josh, zur Seite. Gelegentlich weihte mich mein Sohn in dessen Botschaften ein, die hundertprozentig zutrafen. Die folgende Durchgabe kam völlig unerwartet.

Ich arbeite als Krankenschwester in einem Kinderkrankenhaus und habe mich mit vielen meiner jugendlichen Patienten angefreundet, insbesondere aber mit Janet. Sie starb im Jahre 1991. Michael wußte um meine Freundschaft mit Janet, da sie uns mehrmals besucht hatte. Sie wurde mit einer chronischen, unheilbaren Krankheit geboren, Mukoviszidose, der Nummer eins unter den Gentötern bei Kindern. Aufgrund der rigorosen Gesundheitsmaßnahmen, ihrer Charakterstärke und des medizinischen Fortschritts, hatte sie ein triumphales Alter von dreiundzwanzig Jahren erreicht. Ende Juni bis Anfang Juli 1991 erreichte ihr Gesundheitszustand einen kritischen Punkt. Wochenlang lag sie im Krankenhaus. Sie schien sich zu erholen, wenngleich ihre Krankheitssymptome erneut auftraten. Zu jener Zeit befand ich mich auf Urlaub und konnte ihren Zustand daher nicht lückenlos verfolgen. Michael und ich waren in jenem Sommer mit Musikunterricht, Schwimmen und täglichen Besorgungen recht in Anspruch genommen. Auf der Heimfahrt nach einem sehr geschäftigen Vormittag verkündete Michael urplötzlich: „Mutter, Joshua läßt dir sagen, daß sich Janets Gesundheitszustand verschlechtert hat und sie sterben wird." Ich blickte auf die Uhr am Amaturenbrett. Sie zeigte elf Uhr dreißig. Eine Stunde später kamen wir zu Hause an. Auf dem Anrufbeantworter fanden wir folgende Nachricht: „Eileen, hier ist das Krankenhaus. Es ist elf Uhr dreißig, und Janet geht es sehr schlecht. Sie hat um Verlegung von der Intensiv- auf die Erwachsenenstation gebeten, um zu sterben."

Monate nach Janets Tod bat ich eine Kollegin, mir bei der Abfassung eines Artikels über sie zu helfen. Er enthielt ebenfalls einige ihrer schriftstellerischen Arbeiten. Mit diesem Bericht wollten wir die im Gesundheitswesen beruflich Tätigen darauf hinweisen, wie unzulänglich wir auf das Sterben vorbereitet sind. Wir befürworteten eine diesbezüglich bessere Ausbildung der Krankenschwestern und hoben hervor, daß Menschen wie Janet uns vieles lehren können. Wir boten unseren Artikel einer nationalen Fachzeitschrift für Krankenschwestern an. Drei Wochen später erhielt ich einen Anruf des Herausgebers, der mir mitteilte, daß das Magazin unsere Geschichte kaufen und veröffentlichen wolle. Am folgenden Tage erzählte ich einer Mitschwester davon und wie sehr mich diese Zusage begeisterte. Sie fragte mich, wann ich es erfahren habe. „Gestern", antwortete ich. „Gestern war Janets Geburtstag", entgegnete sie.

7

Kindheitserinnerungen

Wenn wir über den Einfluß der Engel auf unser Leben nachdenken, beginnen wir, uns manchmal an unerklärliche Situationen
aus der Kindheit zu erinnern, Begebenheiten von solcher Bedeutung, daß sie uns noch ganz deutlich vor Augen stehen. Ich erinnere mich an mehrere solcher Geschehnisse. Im Alter von acht
oder neun Jahren widerfuhren mir einige seltsame Dinge, die,
blicke ich zurück, „mystische Erfahrungen" gewesen zu sein
scheinen. Dazu zählt unter anderem meine Erfahrung kurz vor
dem Einschlafen. Ich lag mit geschlossenen Augen auf dem Rük-
ken und ein Gefühl, als werde ich herumgewirbelt, überkam
mich. Doch es machte mich nicht schwindelig. Ich wußte nur, daß
ich mich drehte. Dann tauchte über mir ein farbenprächtiger
Lichtwirbel auf. Ich fühlte mich in ihn emporschweben und dort,
wie mir dünkte, eine geraume Zeit verweilen, kann es aber nicht
genau sagen. Ich empfand nur immer, mit etwas ganz Bestimm-
tem verbunden zu sein, obgleich es keine verbale Kommunikation
in jenem Raum gab. Ich erinnere mich vor allem an die Tatsache,
daß sich diese Erfahrung wiederholte und mich jedesmal mit einem unbeschreiblichen Glücksgefühl erfüllte. Es geschah nicht jeden Abend, aber wenn, dann versuchte ich dieses wunderbare
Empfinden eintreten zu lassen. Dann tauchte der Gedanke in mir
auf, ich könne vielleicht etwas falsch machen, und es verlosch.
Ein anderes Geschehen aus jenen Tagen, an das ich mich erinnere,
ereignete sich bei Sonnenuntergang im Park. Als mein Vater und
ich diesen verließen, bemerkte ich, wie plötzlich alle Bäume glüh-
ten und vibrierten. Im Zeichen der Jungfrau geboren, neige ich
ein wenig zur Hypochondrie. Ich war überzeugt, etwas

Schreckliches gehe vor sich. „Papa, warte", rief ich und hielt ihn zurück. „Ich glaube, ich werde blind. Die Bäume sind alle von einem seltsamen Licht umgeben." Ob mein Vater sich noch an diese kleine Begebenheit erinnert, weiß ich nicht. Ich habe ihn nicht gefragt. Er erwiderte damals nur: „Nein, du wirst nicht erblinden." Zögernd glaubte ich es ihm. Ein Gefühl von Leichtigkeit und das Empfinden, als atme alles im selben Rhythmus wie ich, überfluteten mich. Ich hörte das Atmen sogar. Das Gefühl verlor sich mit der Zeit, die Situation selbst aber blieb mir im Gedächtnis haften.

Jene Erfahrungen vermag ich nicht recht zu analysieren, und ich bin mir auch nicht sicher, ob man es soll. Einige Leute, die mir von ähnlichen Kindheitserfahrungen erzählten, teilten meine Ansicht. Wer weiß, was eigentlich geschieht und warum und wie derartige Dinge stattfinden? Sie werden oft auch als „mystische Erfahrungen" bezeichnet, was ein Gefühl von etwas Geheimnisvollem hervorruft. Die Engel sind ein Teil dieses Lebensmysteriums, und im Bemühen, einer Sache Sinnhaftigkeit zu verleihen, zerstören wir sie. Man bezeichnet Logik wohl auch als Selbstgespräche führen. Ich bin der Meinung, man solle nicht unbedingt nach Erklärungen suchen, wenn unsere fünf Sinne eine Tatsache nicht erfassen Warum muß man die schelmische Freude (Engel) aus den kleinen Geheimnissen des Lebens entfernen? Sir Thomas Browne äußert: „Vertrauen heißt nicht, nur an Möglichkeiten zu glauben, das wäre bloß Philosophie. Vertrauen ist eine starke, positive Energie, die physische Veränderungen herbeiführen kann."

Rose Blaney
Oregon

Mit fünf Jahren spielte ich an einem sonnigen Vormittag bei meiner Freundin. Ihre Mutter rief sie zum Mittagessen. Ich blieb alleine draußen und verletzte mir ernsthaft den Ringfinger. Eilig brachte man mich ins Krankenhaus, wo der Finger wieder angenäht wurde. Fünf Tage lang mußte ich im Hospital bleiben.

Ich fürchtete mich, so ganz alleine und dann auch noch hoch oben, auf dem vierten Stock. In der zweiten Nacht brachten die Krankenschwestern einen schwerkranken Säugling ins Zimmer. Der kleine Junge schrie ununterbrochen. Sein pausenloses Plärren tröstete mich. In der vierten Nacht, etwa gegen drei Uhr, hörte das Baby plötzlich auf zu schreien, was mich mächtig erschreckte. Ich wußte nicht, was ich tun sollte, da ich befürchtete, es sei gestorben. Ich konnte auch nicht aus meinem Bett klettern, um nach ihm zu schauen. Eine geradezu unheimliche Situation, alleine, voller Angst und von dem Gedanken geplagt, der kleine Junge sei auf dem dunklen vierten Stockwerk des Krankenhauses gestorben. Mein Herz jagte, und ich atmete schwer. Da erschien mit einem Male draußen vor dem Fenster ein strahlend blaues Licht, flutete herein und blieb an meiner linken Seite stehen. Meine Angst war gewichen! Stattdessen durchwogte mich ein Gefühl der Wärme und Sicherheit, und ich wurde sehr müde. Als ich die Augen schloß, vernahm ich ein Singen, das mir versicherte, ich müßte keine Angst haben, und alles werde gut werden.

Am Morgen holten die Eltern ihr Baby ab. Das alles geschah vor langer Zeit. Doch noch heute, nach dreiunddreißig Jahren, spüre ich jene Geborgenheit und vernehme ganz klar das Singen, gerade so, als habe es sich erst letzte Nacht ereignet.

Lori Jean Flory (Engelname: ALAEYASH)
Colorado

Als ich drei Jahre alt war, begannen die Engel und Meister mich für die geistige Arbeit, die mein Mann Charles und ich heute ausüben, einzustimmen. Unser Voranschreiten erweist sich als ein stufenweiser Wachstums- und Integrationsprozeß. In meiner Kindheit und Jugendzeit, bisweilen widerfährt es mir auch heute noch, hörte ich kurz vor dem Einschlafen, manchmal sogar fünf bis sechs Mal im Laufe der Nacht, einen Glockenton. Der reine Klang war nicht physischer Natur und läßt sich mit nichts auf Erden vergleichen. Dann vernahm ich eine sehr hohe Frequenz in meinem Ohr, und ein Empfinden stark anwachsender Schwingung erfaßte mich. Es schien, als steigerte sich die Frequenz, um anschließend wieder abzufallen. Dabei war mir, als stiege ich, ohne es kontrollieren zu können, höher und höher hinauf, so daß ich mich schließlich einfach hingab. Heute verstehe ich diesen Vorgang natürlich, doch damals gab es niemanden, der mir eine Erklärung dafür geben konnte, was mich ein wenig verwirrte.

Hunderte Male erlebte ich diesen Zustand. Als ich heranwuchs, offenbarten die Engel mir, daß sie mit meiner Frequenz arbeiteten und mich einstimmten, damit wir in späteren Jahren intensiver zusammenarbeiten könnten. Sie betonten, daß sie mich nicht beunruhigen wollten, wir aber vor meiner Inkarnation die Abmachung getroffen hätten, gemeinsam eine bestimmte Aufgabe zu erfüllen.

Seither habe ich die himmlischen, nicht physischen Engelglocken und ebenfalls den Gesang von Engelchören, der weitaus klarer und schöner als irdische Musik klingt, gehört. Besonders rein war es im Rocky Mountains Nationalpark zu vernehmen, während Charles und ich in tiefer Meditation versunken saßen. Die durch den Wald schwingende Himmelsmusik läßt diesen zur herrlichsten Erdenkapelle werden.

Im Laufe der Jahre spürte ich während der Meditation oder in Ruhepausen jene Lehrer gleichsam einen Laserstrahl auf mein drittes Auge lenken, und ich bewegte mich mit dem Wind durch einen Tunnel und stieg in Gärten von unglaublicher Schönheit empor. Ich erinnere mich an eine weiße Laube, deren schmaler Pfad zu einem Rosengarten führte, einem Ort, dem ich auf geistiger Ebene sehr zugetan bin. Dann wurde ich zurückgezogen. Einmal hörte ich eine laute Stimme befehlen: „*Gehe zurück.*" Da ich mich bester Gesundheit erfreue, sind diese Erscheinungen nicht auf irgendeine Form von Krankheit zurückzuführen.

Wenn ich heute diese Laserlichtstrahlen erfahre, werden sie von Lichtworten und Lichtsätzen in der inneren Schau begleitet. Ich weiß, es hat stets einen höheren Zweck für alle diese Dinge gegeben. Sie tragen, wie ich glaube, zu der Tatsache bei, daß ich die Engel sehe, höre und spüre. Sie sprechen in mein linkes Ohr, und wir unterhalten uns nun täglich. Oft nehme ich des Nachts wunderschöne Lichter und Auren weißen Lichtes wahr, die die Schlafzimmerwand beleuchten. Ich habe sie stets mit kindlicher Unschuld akzeptiert; sie gehören zur Familie.

Bea Rowley
Victoria, British Columbia, Kanada

Ihre Aufforderung, über erfahrene „Zeichen und Wunder"
zu schreiben, rief die Erinnerung an ein „Zeichen" in mir
wach, das mir vor vielen Jahren begegnete und mit Wolken
zu tun hatte.

Aufgrund meiner römisch-katholischen Erziehung war
ich mit den Kräften der Engel und Heiligen sowie möglichen Wundern vertraut.

Mit zwölf Jahren litt ich unter pausenlosen Schmerzzu-
ständen, die sich nach Ansicht des Arztes während der
nächsten fünf bis sechs Jahre sehr wahrscheinlich auswach-
sen würden. Ich hätte mich jedoch auch einer *eventuell* erfolgreichen Operation unterziehen können, die ihrerseits
allerdings ihre eigene Problematik verursachen konnte.

Meine Eltern überließen mir die Entscheidung, nachdem sie mir den Sachverhalt erklärt hatten. An einem warmen Mittsommertag saß ich im mittleren Westen Kanadas
auf den Stufen des Hauseingangs und quälte mich mit diesem Entschluß herum. Verzweifelt bat ich um ein Zeichen.
„Bitte, Gott, laß mich einige Blumen am Himmel sehen,
wenn diese Operation nicht sein muß." Dieses Gebet ent-
rang sich den Tiefen meines inneren Selbst. Auf bewußter
Ebene besaß ich keine Ahnung, warum ich Blumen gewählt hatte.

Die Zeit verstrich. Nur einige vereinzelte Wolken standen am Horizont. Es wehte kein Lüftchen. Alles schien den
Atem anzuhalten. Bisweilen schwand meine Aufmerksamkeit. Doch mit dem sich wandelnden Nachmittagslicht
veränderten sich auch die Wolken. Sie dehnten sich aus und
rückten dichter zusammen, bis sie – ich starrte auf die wei-

ßen, rosa- und malvefarbenen Formen mit ihren Licht- und Schattenseiten über mir – riesige Fliederbüsche bildeten. Ich vermochte meinen Augen kaum zu trauen und rief nach meiner Mutter. „Mama, schau die Wolken. Wie sehen sie aus?" Sie blickte kurz empor und meinte: „Warum, sie gleichen großen Fliedersträußen." Sie wußte natürlich nicht, um was ich gebeten hatte, und ich erzählte es ihr erst viele Jahre danach.

Mir war ein Zeichen gegeben worden, und ich beschloß, eine Operation zu vermeiden, was sich später als die richtige Entscheidung erwies.

Soviel ich weiß, tragen die Luft-Devas die Verantwortung für Wolken und Luftströme. Aufgrund welcher wundersamen Reihe von „Zufälligkeiten" wurde das ernsthafte Gebet eines Kindes von der „Zentrale" in ihre Abteilung geleitet? Das Wunderbare an diesem Geschehen waren nicht nur die Form, sondern die genaue Farbzusammenstellung, und ich hatte keine speziellen Blumen vor Augen.

Tiffany Holmes

Ich zählte etwa zwei Jahre, als ich mich in einem Geschäft von meiner Mutter losriß und auf die Straße lief. Genau in dem Moment, als ein heranbrausender Lastwagen mich zu überfahren drohte, tauchte eine Frau (wahrlich "ein Engel des Augenblicks") aus dem Nichts auf, schnappte mich unter den Arm und brachte mich in Sicherheit, was meine Mutter ahnungslos durch das Ladenfenster beobachtete. Sie war sich nicht sofort bewußt, daß dieses zappelnde Bündel unter dem Arm jener Frau zu ihr gehörte.

Als ich viele Jahre später wegen meines verhaßten Jobs

Mitleid mit mir selbst empfand, ereigneten sich innerhalb von vierundzwanzig Stunden zwei Dinge. Erstens, mein Chef kündigte mir und zweitens, mein Agent rief mich an und teilte mir mit, daß ein Verlag mein erstes Astrologiebuch kaufen wolle. Letzteres ließ mich meine Stelle mit Triumph, nicht Verzweiflung verlassen.

Herb L. Rosenberg
Nevada

Mein Engel-Erlebnis widerfuhr mir im Alter von etwa viereinhalb Jahren. Man brachte meine Schwester und mich zu einem öffentlichen Schwimmbad. Sie sollte auf mich aufpassen, was sie natürlich nicht tat. Ich sprang also ins tiefe Wasser und drohte zu ertrinken, da ich nicht schwimmen konnte. Verzweifelt rang ich nach Luft, schluckte aber nur riesige Mengen an Wasser. Plötzlich schaute ich empor und sah zwei wunderschöne Engel auf mich zuschweben, um mich zu holen – entweder zu Gott, zurück in dieses Leben oder beides. Sie glichen Tinker Bell von Walt Disney, obwohl sie viel ätherischer aussahen.

Mary Elba Martinez
Kalifornien

Als ich sieben Jahre alt war, lebte meine Familie in einer über einigen Garagen gelegenen Wohnung. Eine Treppe mit sechzehn oder siebzehn Stufen führte hinauf. Eines Abends wollte ich draußen spielen, doch meine Mutter erlaubte es mir aufgrund der späten Stunde nicht. Wütend stürmte ich aus der Tür, verlor das Gleichgewicht und fiel die Treppe hinunter. Doch zu meiner Überraschung spürte ich zwei starke Hände, die mich an den Armen packten, so daß ich eher schwebend unten ankam. Normalerweise hätte ich mich böse verletzen müssen. Völlig versteinert blieb ich vor der Treppe stehen, fühlte mich aber gleichzeitig wohl, da mich etwas gerettet hatte. Ich lief hinauf, um meiner Mutter den Vorfall zu berichten. Sie glaubte mir, besaß jedoch gleichzeitig negative Vorstellungen von bösen Geistern, so daß ich nie recht begriff, was mich eigentlich gerettet hatte.

Heute weiß ich, daß es die Engel waren.

8

Tierengel und unsere Haustiere

Der Astrologe Robert Cole begründet unser gemeinsames Erbe mit allen Lebewesen auf diesem Planeten mit folgender Aussage: „Die jüngsten Theorien hinsichtlich gegenseitiger Verbundenheit besagen, daß wir alle die Zellen unseres Seins mit allem anderen teilen. Wenn ich also mit meiner Katze schmuse und wir beide schnurren, schwingen unsere gemeinsamen Zellen in harmonischer Frequenz. Wenn ich die Elefanten im Zoo bewundere, staune ich in Wirklichkeit über unsere gemeinsame Natur. Wenn sich ein Schmetterling auf meinem Rosenbusch niederläßt, dann verschmelzen wir alle drei – der Schmetterling, der Rosenbusch und ich – in einer Weise miteinander, die man wohl nicht bloß als poetisch bezeichnen kann. Diese gegenseitige Verbundenheit erstreckt sich auf die Zeit, die zeitlose Vergangenheit sowie die zeitlose Zukunft."

Der Hl. Franz von Assisi lebte bewußt in jener gegenseitigen Verbundenheit. Eine bekannte Geschichte erzählt, wie er den Vögeln des Waldes die Wunder und Herrlichkeit Gottes predigte. Eine Schar verschiedenartiger Vögel ließ sich auf dem Waldboden nieder und verließ den Heiligen nicht eher, als bis er sie mit seinem Umhang berührt und mit dem Zeichen des Kreuzes gesegnet hatte. Danach entfernten sie sich, den Lobpreis Gottes singend, in alle vier Windrichtungen.

Ich erlebte viele mystische und magische Dinge mit Vögeln. Einmal saß ich, festgefahren in Negativität, in meinem Sessel und blickte zum Fenster hinaus, wo ein kleiner Kolibri, in der Luft schwirrend, zu mir herüberschaute. Während ich ihn so beobachtete, mußte ich mit einem Male über seinen seltsamen Gesichtsausdruck lachen. Es schien, als wolle er mir sagen: „Warum nimmst du alles so ernst, wenn es doch gar nicht nötig ist?" Heiterkeit erfaßte mich, und der kleine Vogel flog davon. Ein anderes Mal saß ich vor meinem Computer und versuchte zu schreiben. Doch es gelang mir nicht. Ich hockte bloß da, starrte auf den Bildschirm und begann, mich frustriert zu fühlen. Da bemerkte ich auf dem nahen Fenstersims zu meiner Linken einen kleinen Vogel, der wie Woodstock, Snoopys Freund, herumhüpfte. Sein pausenloses Auf und Ab faszinierte mich unsagbar, was mich meine Frustration völlig vergessen ließ. Ich war eins mit dem Augenblick. Der kleine Vogel hielt plötzlich inne, schaute mich an, drehte sein Köpfchen hin und her, als wolle er Lebewohl sagen, und flog davon. Ich aber konnte nun schreiben.

Unsere Beziehung zur Tierwelt macht sich am stärksten bemerkbar, wenn wir uns an ein Haustier binden. Der Trost, die Freude und bedingungslose Liebe, die es uns zu geben vermag, läßt sich mit der Liebe der Engel vergleichen. Die folgenden Briefe zeigen, daß Liebe niemals stirbt, sondern sich nur wandelt.

Linda Kramer
Tiburon, Kalifornien

Benjamins Geburt, am 21. Mai 1971, beendete meine sieben Monate anhaltende Depression. Wegen Verdachts auf malignen Tumor mußte ich mich einer Schilddrüsenoperation unterziehen. Zunächst erklärte man mir, es handle sich um eine gutartige Geschwulst. Zehn Tage später jedoch hieß es, in dem eingefrorenen Bereich befänden sich gewisse „verdächtige" Zellen. Zu jener Zeit wußte ich noch nichts über Esoterik, und ich fühlte mich von meinem Körper „betrogen".

158

Ich hatte der Geburt von „Benjaperson" (wie er später als Zeichen der Hochachtung vor der Frauenbewegung genannt wurde), einem von neun Welpen, beigewohnt und ihn aufwachsen gesehen, bis er mit knapp sechs Wochen in unsere Familie kam. Sechzehn Jahre lang sollte er bei mir bleiben. Ich hatte ihn als Kamaraden für meinen kleinen Sohn ausersehen, doch von Anfang an hing Benjie an mir. Obwohl er sich anderen Personen gegenüber freundlich verhielt, waren wir beide unzertrennlich.

Benjie half mir über eine zerrüttete Ehe und schmerzliche Scheidung sowie meinen Kampf mit rheumatischer Gelenkentzündung hinweg. Ich vermochte einen entkräftenden Krankheitsprozeß an einen Punkt zu bringen, daß ich mich heute bester Gesundheit erfreue. Er stand mir auch zur Seite, als ich 1977 den geistigen Pfad betrat. Wie lange meine Meditation auch dauerte, Benjie blieb still unter meinem Altar liegen. Er bildete eine ständige Quelle der Stärke, Freude und bedingungslosen Liebe.

Als ich 1984 meinem Mann Hal begegnete, zählte Benjaperson dreizehn Jahre und war noch recht lebhaft und wach. Doch im Laufe der folgenden drei Jahre verschlechterte sich sein Gesundheitszustand zusehends. Doch ich gab meinen Freund nicht so einfach frei und fütterte ihm riesige Mengen an Vitaminen, die er etwa ein Jahr lang gierig verschlang. Ich brachte ihn zum Tierarzt und zu Heilpraktikern. Ich hielt an einem geliebten Leben fest. Mehrere Male, wenn Benjie am Abend nicht aus dem Wald zurückkehrte, holten Hal (auf meine Bitte hin) und ich ihn heim. Hal versuchte mir vorsichtig klarzumachen, daß Ben alleine und mit Würde sterben wollte. Er ermutigte mich, indem er mir erzählte, daß Benjie ihn eine wesentliche Lektion über Würde und Sterben lehrte. Doch erst als

Benjie selbst mich anschaute und wissen ließ, daß seine Zeit gekommen war, gab ich ihn frei. Am 5. April 1987 kehrte er heim, während ich meditierte.

Ich hoffte, Benjie werde mich aufgrund unseres engen Verhältnisses wissen lassen, wie es ihm ging und wo er sich aufhielt. Doch zwei Jahre lang konnte ich ihn nicht erreichen. Nichts geschah, keine Botschaft, kein Einblick, keinerlei Kommunikation, aber ich gab nicht auf.

Eines Tages dann, während einer Gruppenmeditation, in der wir zum Zwecke einer Einweihung in himmlische Sphären geführt wurden, betrat ich ein weites, offenes Gefilde, erfüllt von Engelscharen. Hunderte von Engeln der traditionellen Form schienen die süßen Düfte, sanften Farben und das tiefe Empfinden des Friedens und der Freude zu verkörpern. Plötzlich kam Benjaperson durch den weiten Raum, der mich von jenen Wesen trennte, auf mich zugerannt. Er sprang in meine Arme und versuchte mein Gesicht zu lecken (seine gewohnte, irdische Art), als mich mit einem Male ein wunderschöner androgyner Engel umarmte. Der Zusammenhang stand deutlich vor meinen Augen – Benjie war immer ein Engel gewesen.

Dieses Wiedersehen mit ihm löste reine Freude in mir aus. Demut ergriff mich bei dem Gedanken, daß ein so erhabenes Wesen wie ein Engel sechzehn Erdenjahre als mein Gefährte verbrachte. Wie kann man die Vorsehung des Universums jemals anzweifeln, die bedingungslose Liebe für den Bittenden, die Wahrheit und Schönheit, die sich oft in alltäglicher Form verbirgt?

Name auf Wunsch nicht veröffentlicht

Zwei Tage nach Beginn der Operation „Desert Storm" (der Golfkrieg, d.Hrsg.) wurde mein Hund Hans von einem Auto tödlich überfahren. Wir vermißten ihn etwa zwei Tage lang. Während einer dieser Nächte (Donnerstag) teilte er mir im Traum mit, daß er heimkomme. Am Freitag wußten alle meine Freunde, daß mein Hund tot war und mein Mann sich im Kriegsgebiet aufhielt. Am Samstag riefen meine Freunde Elke und Joel von Big Star aus an und verkündeten, sie hätten eine deutsche Schäferhündin (Welpe) für mich gefunden. Ich wußte, Hans hatte einen Gefährten für mich besorgt. Ich gab dem jungen Hund den Namen „Courage" (Mut), eine Eigenschaft, deren ich wohl am dringendsten in dieser Kriegssituation bedurfte. Hans forderte mich in einem Traum auf, meine Geschichte und die daraus gezogene Erfahrung weiterzugeben. Die wertvollste Lektion, die ich lernte, bestand darin, nichts und niemanden als Selbstverständlichkeit hinzunehmen und zu erkennen, daß Gott stets ein Fenster öffnet, wenn er eine Tür schließt. Heute noch setze ich diese Lehren in die Tat um, sei es in Form einer Buchstiftung oder aber in dem ich Freunde und Bekannte hin und wieder mit einer Süßigkeit oder Karte überrasche. Was immer es auch sein mag, tue es! Beide, der Gebende wie auch der Nehmende, werden eine Veränderung in ihrem Leben bemerken. „Courage" ist ein Geschenk Gottes, und sie lebt ihrem Namen entsprechend.

Als mein Mann am Persischen Golf diente, forderte mich ein Engel auf, diese Gegebenheit in eine positive Erfahrung umzuwandeln, indem ich lernte, mit dem Alleinsein fertig zu werden und meine Ängste zu besiegen. Ganz alleine fuhr ich von Georgia nach North Carolina, um meine Mutter zu besuchen (eine dreieinhalbstündige Fahrt), etwas, das ich mir früher nie zugetraut hätte. Der Schutzengel an meiner Seite unterstützte und tröstete mich, was meine Mutter, wie sie bemerkte, wahrnahm. Ich weiß und spüre, ich gehe in die richtige Richtung. Doch ich bin mir nicht ganz sicher, wohin der Weg führt.

Patricia Flinn
New Jersey

Am 16. November 1990 verlor ich meinen geliebten goldfarbenen Retriever „O'Casey" an Krebs. Eine Woche lang war er schwer krank gewesen und starb schließlich auf unserem Küchenfußboden. Zum Glück hielten sich mein Mann Gene und ich zu diesem Zeitpunkt beide zu Hause auf und konnten ihn im Sterben halten. „O'Casey" war ein besonderes Tier. Er pflegte in der Bibliothek zu meinen Füßen zu liegen, während ich schrieb, betete oder meditierte. Nach seinem Tode fehlte er mir natürlich ungemein, und ich verbrachte so manche Nacht in Trauer um ihn.

Am Abend, bevor ich Ihr Buch in der Buchhandlung entdeckte, sprach ich ganz intensiv zu ihm und ließ ihn wissen, daß ich ihm, wo immer er sich auch aufhalten möge, alles Gute wünschte und ihn gerne als meinen Hund wieder haben möchte. Gegen Mittag des darauffolgenden Tages begegnete ich auf meinem Weg zur Buchhandlung einer recht eindrucksvollen Frau mit einem wunderschönen goldfarbenen Retriever. Ich lief auf sie zu und begann, den Hund zu liebkosen. In meiner Erregung rief ich aus: „Dieser Hund ist wunderschön. Sollten sie je Junge von ihm haben, so lassen sie es mich bitte wissen!"

Die Frau lächelte und erwiderte, ich hätte wirklich Glück. Ihr Hund sei Vater eines soeben geborenen Wurfs von Welpen, von denen noch einer zu haben sei. Auf dem Photo, das sie mir zeigte, ähnelte der Hund sehr stark „O'Casey" im Alter von sieben Wochen. Ich konnte natürlich nicht widerstehen, und an jenem Nachmittag brachte ich nicht nur Ihr Buch, sondern auch einen jungen Hund heim, der, wie ich gerne annehmen möchte, von einem Lichtengel mit Namen „O'Casey" geschickt wurde.

Beverley Hale Watson
Florida

In Ihrem Buche erwähnten Sie Haustiere als von Gott gesandte Wesen. Toby war ein solcher Hund, den wir wegen einer zerfallenden Wirbelsäule einschläfern mußten. Eine Woche nach seinem „Heimgang" erhielt ich die Botschaft, daß ich eines Tages den Anruf einer Frau erhalten werde, die wegen Umzugs ihren silbergrauen Pudel in ein neues Zuhause geben wolle. "Geistig" erfuhr ich auch, daß Toby keine Schmerzen mehr empfand, nachdem ich ihn zu seinem Schöpfer zurückkehren ließ und er nun frei war. Ich sollte mir ein „über den Wolken hüpfendes Lamm" vorstellen. Im vergangenen März erhielt ich von einer mir völlig unbekannten Frau den angekündigten Telefonanruf. Sie zog nach North Carolina, und obwohl zwei Leute ihren Hund übernehmen wollten, wußte sie, daß sein neues Heim in unserem Haus sein werde. Wir holten ihn also ab. Wenn er läuft, springt er wie „ein Lamm über Wolken".

Ellen Olender
Florida

Der Leiter einer Geistheilungsgruppe erzählte uns folgende Geschichte:

Eine ältere Dame aus meinem Bekanntenkreis brachte ihre Katze zum Tierarzt. Unglücklicherweise mußte diese eingeschläfert werden. Die Dame saß im Wartezimmer und schaute aus dem Fenster. Da sah sie ihre Katze in den Armen eines Engels, dessen Antlitz einer Katze glich. In liebevoller Fürsorge blickte er auf das kleine Bündel und kraulte es sanft, während er himmelwärts stieg. Die alte Dame schaute ihnen nach, bis sie ihrem Blick entschwanden. Jedesmal, wenn ich diese Geschichte erzähle, überlaufen mich "Schauer der Gewißheit".

Judith G. Zoch
Chicago, Illinois

Am 17. April, einem Karfreitag, verschied mein Kater „Tigrrr". Er war vierzehn Jahre alt und benahm sich mehr menschlich als katzenhaft. Ich glaube, er gehört jetzt einem anderen Reich an, was mir mehrere symbolische Zeichen bestatigten.

Eine riesige Motte setzte sich auf den Fuß meines Freundes, als ich ihm gerade den Rücken einrieb. Nie zuvor habe ich eine Motte von dieser Größe gesehen, deren Kolorierung und Zeichnung noch dazu genau denen meines "Tigrrr" entsprachen. Daher glaube ich, daß er auf diese Weise seine Botschaft aus der anderen Welt übermittelte. Ich ließ die Motte nach draußen frei, es war der vierte Juli.

David L. Hays

(TLT: David ist mein Chiropraktiker und Heiler)

Im Frühjahr ereignete sich während meines Studienaufenthaltes am Antioch College in Yellow Springs, Ohio folgende Begebenheit. Ich beschäftigte mich mit den Leben von John und Charles Wesley sowie des Franz von Assisi, um den geistigen Einfluß jener Männer auf den Gang der Geschichte zu erforschen.

In der Universitätsbibliothek fragte ich nach einem Buch der Legenden über den Hl. Franziskus, das sich in der Sammlung seltener Werke befand. Die Frau eines Professors, die ich kannte, hörte die Diskussion mit an, ob es ratsam sei, mich dieses Buch lesen zu lassen. Sie trat vor und bürgte für meinen Charakter, worauf man mir das Buch aushändigte, um es im Lesesaal zu studieren.

Ich setzte mich an einen Tisch am Südfenster, als ein „streunender" Kater hereinspazierte, den Hinweis „Tiere nicht zugelassen" geflissentlich übersehend, so als gehöre ihm die Bibliothek. Er kam geradewegs auf mich zu, sprang auf meinen Schoß und schlief augenblicklich ein. Mein gesamtes Nervensystem war wie elektrisiert, während ich, den friedlich schnurrenden Kater auf dem Schoß, an diesem Nachmittag jenes Buch von Anfang bis Ende durchlas. Als ich ihm vorsichtig zu verstehen gab, daß ich aufstehen wollte, zeigte er mir ganz deutlich seine Mißbilligung dieser Störung. Er sprang zu Boden und verließ hoheitsvoll den Raum, ohne jemandem zu erlauben, ihn zu berühren. Ich vermute, der Hl. Franziskus schickte den Kater, vielleicht auch ein Engel oder aber beide. In meiner Praxis erlebte ich mehrere Male bei der Behandlung von Patienten das Eingreifen unsichtbarer Helfer. So zum Beispiel läutete das Telefon, niemand meldete sich, aber dem Patienten ging es besser, ohne daß ich ihn berührte. Danke für Ihr Buch. Es erinnerte mich sanft an meine Anerkennung der geistigen Hierarchie, der Heilengel und Devas.

Joan P. Lockwood
Pennsylvania

Samstag abend kaufte ich ein Pärchen Zebrafinken, denen ich die Engelnamen „Raphael" und „Gabriel" gab. Am Dienstagmorgen fand ich „Gabriel" tot in seinem Käfig liegen, was mich völlig aus der Fassung brachte. Zum Glück glich „Raphael" dem Bild der Gesundheit. Ich versuchte, mich zusammenzureißen und den kleinen Vogelkörper ins Tiergeschäft zurückzubringen, um ihn gegen einen neuen Finken auszutauschen. Doch den inneren Schmerz verlängernd, beschloß ich, zunächst einmal die Post aus dem Briefkasten zu holen. Freudig überrascht fand ich Ihr Rundschreiben. Die „St. Raphael-Gebetskarte" fiel aus dem Umschlag und landete neben dem Vogelkäfig. Es war übrigens die gleiche "Engelkarte", die ich zwei Wochen zuvor meiner Schwester gegeben hatte, damit sie ihr Neugeborenes auf dem Wege in ein Spezialkrankenhaus beschützen sollte. Es bestand die Möglichkeit, daß die Kleine, kaum vierundzwanzig Stunden nach der Geburt, am Herzen operiert werden mußte. Meine Nichte überstand die Verlegung mittels Hubschrauber gut, und ihr Zustand besserte sich wundersamerweise von selbst. Nach negativen Untersuchungsergebnissen kehrte sie vollkommen gesund heim. Sie befindet sich wohlauf, ebenso wie „Michael Gabriel", mein neuer Fink.

Sharon Jackson
San Jose, Kalifornien

Ich wässerte meinen Garten und bemitleidete mich selbst wegen einer schwierigen Situation mit meinem Sohn, kurz, ich fühlte mich ganz einfach miserabel, als mich die Engelschar berührte. Ein wunderschöner, koboldartiger Kolibri schwirrte ganz nahe vor mir und schaute mich an. Er flog durch den Wasserstrahl, kehrte um und flog wieder hindurch. Erneut blickte er mich an. Er wiederholte seinen Sturzflug durch den „Wasserschlauchregen", blieb in der Luft schwirrend stehen, seine Augen auf mich gerichtet. Dann setzte er sich auf die Wäscheleine und schüttelte seine Federn trocken. Die Botschaft der Fürsorge, Liebe und Hoffnung erfüllte mein ganzes Sein. Ich weinte haltlos. Welch ein Segen war mir soeben zuteil geworden! Wenn ich an meinen „Freund" denke, schwingt sich mein Herz empor. Außer den Menschen gibt es so viele Wesen, die uns wirklich lieben und versuchen, uns zu helfen, wenn wir danach fragen. Ich kenne auch die Ausstrahlung unserer Brüder und Schwestern, der Bäume und Sträucher, sehr wohl. Sie nehmen wirklich Anteil und bitten uns, aufzuwachen!

Nancy Grimley Carleton
Berkeley, Kalifornien

Seit meinem Artikel über Tierengel, für das „Engelforum" in Ihrem Buch *Warum Engel fliegen können,* erhielt ich mehrere Dutzend Briefe und Anrufe von Leuten überall im Land. Viele von ihnen hatten erst kürzlich einen Tierfreund verloren, von dem sie annahmen, er sei ein Engel. Die meisten fragten um Rat, wie sie mit dem schrecklichen Kummer über den Verlust fertig werden sollten.

Im folgenden möchte ich gerne einige Antworten geben, von denen ich hoffe, daß sie sich in derartigen Fällen als hilfreich erweisen. Die Vorschläge entspringen verschiedenen Quellen sowie meiner Ausbildung als Psychotherapeutin und Erfahrungen in der Meditation über Engel. Das Kaninchen „Willow", über das ich in *Warum Engel fliegen können* schrieb, verschied nach langer, qualvoller Krankheit, einen Tag nach Ostern 1991. Ich mußte also meine Theorie in die Praxis umsetzen. Die liebevolle Gemütsverfassung, mit der es seiner Krankheit und seinem Tod gegenübertrat, bestätigten mir nur sein engelhaftes Wesen.

Meine ersten Worte für jemanden, der ebenfalls ein geliebtes Tier verlor, lauten: Sei gütig zu dir selbst! Lasse deinem Kummer seinen Lauf und die Tränen dich reinigen. Wenn du dem Kummer erlaubst, dich zu durchfluten, dann vernimmst du vielleicht das Echo früherer Verluste. Es mag sein, daß du die Stufen der Ablehnung, des Feilschens, Ärgers und der Depression durchwanderst, bevor du die Ebene der Annahme erreichst. Erlaube dir, all dieses zu erfahren. Je mehr du dich für diesen Prozeß zu öffnen vermagst, desto stärker wird die Heilkraft sein, die du empfängst.

Gib dir Raum für deinen Kummer. Wenn möglich, verlasse deine Arbeit für eine Weile. Nimm dir täglich Zeit, um zu meditieren oder zu beten. Rituale bieten eine Möglichkeit, deine Dankbarkeit auszudrücken, die du für das Geschenk der Anwesenheit deines Tierfreundes in deinem Leben empfindest und dich an die Weisheit derjenigen geistigen Tradition zu wenden, die dein Herz anspricht. Entzünde eine Kerze für deinen Tierfreund und bitte die Engel, über ihn zu wachen und ihn zu empfangen. Lege Blumen auf sein Grab oder an jene Stelle, wo dein Tier gerne ein Sonnenbad nahm. Wiederhole diesen Vorgang an besonderen Gedenktagen oder wann immer du dich dazu hingezogen fühlst, Verbindung mit deinem Tierfreund aufzunehmen.

Nicht jeder in unserer Gesellschaft versteht die Tiefe und den Geist, die Tiere unserem Leben schenken. Lasse andere Menschen in deinem Umkreis, die ebenfalls eine innige Verbindung zu Tieren besitzen, an deinen Gefühlen über den Verlust teilhaben. Du magst es für wertvoll erachten, einen Therapeuten, Berater oder spirituellen Lehrer ausfindig zu machen, um dir durch diesen leidvollen Prozeß hindurchzuhelfen. Bitte die Engel, dich zu jemandem zu führen, der wirklich etwas von Tieren versteht.

Viele Menschen haben das Empfinden, eine „unerledigte Sache" abzuschließen, während sie jenen Prozeß durchleben. Viele Briefe, die ich erhielt, bringen irgendeine Form von Schuld zum Ausdruck. Überlege, in einem oder mehreren Briefen, mit der Bitte, daß ein Engel sie weiterleite, deinem Tierfreund deine Gefühle zu übermitteln. Entschuldige dich für deine Versäumnisse und bitte um Vergebung. Achte auf die Antwort. Wenn du dein Herz öffnest, wird dein Tierfreund dich mit Vergebung und Verzeihen segnen. Folge diesem Beispiel und vergib dir selbst.

Gönne dir die Zeit, das Kind in dir zu trösten. Das Kind in uns ist jener Teil von uns, der die engste Beziehung zu den Tieren besitzt und der bedingungslosen Liebe am nötigsten bedarf. Visualisiere, wie dein Erwachsenen-Selbst das Kind in dir liebevoll tröstet und es daran erinnert, daß du in deinem Herzen immer noch mit deinem Tierfreund sprechen kannst.

Erkenne, daß dieser zu dir kam, um dich die bedingungslose Liebe und das Öffnen deines Herzens zu lehren. Diese Liebe besteht immer noch; sie ist Teil dessen, was du bist. Umgib dich mit Dingen, die dich an jene große Liebe, der wir alle angehören, erinnern. Dabei kann es sich um Photos deines Tierfreundes handeln, ebenso wie um Engelbilder, bevorzugte Meditationen oder aber schöne Gegenstände aus der Natur.

Bist du bereit, dann öffne dein Herz für neue Tierfreunde. In der Zeit, als „Willow" starb, sorgte ich für das Kaninchen eines Freundes. „Willow" liebte „Nutmeg", und sie erhellte seine letzten Tage. Nach seinem Tode startete „Nutmeg" einen bewußten Feldzug, um ein Mitglied meines Haushaltes zu werden. Zunächst weigerte ich mich, der Schmerz war zu frisch, doch schließlich schmolzen ihre Liebe und Ausdauer mein Herz, und meine Freundin ließ sie bei mir bleiben. Gegen Jahresende webte „Nutmeg" einen Zauberspruch um mich (ich kann es nicht anders ausdrücken), und eines Tages brachte ich einen Partner für sie heim. Bald nachdem „Blackberry" sich unserem Haushalt hinzugesellt hatte, erreichte „Nutmeg", ein sehr entschlossenes Kaninchen, daß genau weiß, was es will, sein nächstes Ziel – Mutterschaft. So befinde ich mich also nun in der Gesellschaft von sechs allerliebsten Kaninchen, einschließlich der Jungen „Parsley", „Juniper", „Hazel" und „Shasta", die heute ausgewachsen sind. Jedes einzelne bringt einen einzigartigen Ausdruck der Freude in mein Leben. Täglich bin ich mir der fortwährenden Gegenwart „Willows" bewußt, der als großzügiger, liebevoller Schutzengel wirkt, indem er über mir und meiner neuen Kaninchen-Familie wacht.

9
Engelinspirationen

Engel sind Werkzeuge der Kreativität. Sie lieben es, sich um das menschliche Bedürfnis nach persönlichem, kreativem Ausdruck zu kümmern. Kreativität bedeutet für uns alle einen Segen. In jedem von uns schlummert jenes Kind, das sich danach sehnt, ein Bild mit Farbstiften anzumalen. In den folgenden Briefen schildern Menschen, auf welche Weise Engel sie inspirierten, ihre eigene, individuelle Kreativität freizusetzen.

Star Light Mail (Sternen-Lichtpost)
Colorado

Meine Freundin und ich haben mit einem Engel-Licht-Post-Altar begonnen, der insbesondere der Engel-Post und den Engel-Bitten dienen soll. Wir haben ihn in einem sonnigen Ostfenster aufgestellt und mit vielen Kristallen und einer kleinen Glocke geschmückt. Wir entzünden eine rosafarbene oder weiße Kerze (oder irgendeine andere Lichtfarbe, von der wir uns inspiriert fühlen) sowie Räucherstäbchen aus Rosen- oder Zedernduft. Den größeren Kristall legen wir oben auf die ungeöffneten Briefe. Ich bin dabei, einen Lichtbriefkasten für den Altar zu bauen. Die gesamte Lichtpost bleibt etwa einen Mondzyklus lang dort liegen, je nachdem, wann sie uns erreicht. Dann wird sie bei Vollmond in einem stillen Waldgebiet am Bach verbrannt.

Wenn sie irgendwelche ihrer Bitten oder Briefe über unseren Engelaltar schicken möchten, werden wir sie gerne in unsere Gebete aufnehmen. Wir öffnen die Engel-Post nicht, es sei denn, wir finden ein „O" auf der Rückseite des Umschlags. Jeden Morgen legen wir unsere Hände auf den Briefstapel und sprechen: „Göttliche Liebe wird hier zum höchsten Wohle aller Beteiligten wirksam. Segen den Engeln, so wie wir gesegnet wurden. Mögen diese Bitten mit der Geschwindigkeit des Lichtes reisen und ebenso rasch beantwortet werden. So soll es sein!" Wir haben viel Spaß damit; es hat unsere Herzen erhellt!

Terry Lynn Taylor

Dieser kreative Annäherungsversuch von Star Light Mail beeindruckte mich stark, und ich fragte „Star", ob sie ihren Gebetsdienst nicht in meinem Rundschreiben bekanntgeben wollte. Ich habe gesehen, wie spontane Fürbitten Momente der Verzweiflung in Augenblicke göttlicher Tröstung verwandelten. Nicht nur die Kreativität des Angebotes von „Star" beeindruckte mich, sondern die großzügige geistige Gabe, die den Menschen vermittelt wurde. „Star" willigte ein, und der Eintrag in das Rundschreiben lautete folgendermaßen:

Ein ganz besonderer Mensch hat den Lesern des Rundschreibens die Möglichkeit angeboten, Gebetsbitten einzusenden, damit sie auf ihrem dafür errichteten Engelaltar durch ihren Gebetsdienst, Star Light Mail, verstärkt werden. Sie begann, indem sie Notizen, Briefe oder Bilder von Freunden auf ihren Engelaltar legte. Jeden Morgen widmet sie sich etwa eine Stunde lang, gewöhnlich zwischen sieben und acht Uhr, dieser Aufgabe. Sie brennt Räucherstäbchen ab, zündet eine Kerze an, dann betet

oder meditiert sie, unterhält sich mit den Engeln und/oder visuali-
siert sie. Nach einem Monat des Gebets verbrennt sie, wenn nicht
anders gewünscht, die Bittbriefe (keine Photos) in einem dafür
zugelassenen Waldgebiet. Sie fühlt dabei das sie umgebende Spie-
len, Lachen und Singen der Engel. Die durch diesen Verbren-
nungsvorgang freigesetzte positive Energie erfüllt sie mit Freude
und Energie, die sie noch Stunden danach verspürt. Wenn Sie
also eine spezielle Bitte haben, die sie mit Hilfe der Engel energe-
tisieren soll, dann senden Sie diese an Star Light Mail. Sie weist
darauf hin, daß man auf der Rückseite der Photos, die man ihr mit
der Bitte um Heilung sendet, die Adresse notieren möchte, damit
sie die Bilder zurückschicken kann. Vorschläge hinsichtlich des
Gebetsverteilungsnetzes sind ihr willkommen.

Danke, Star Light Mail, eine sehr wirksame Weise, das
Licht Gottes zu verbreiten!

Einige Wochen später schrieb mir „Star" folgende Zeilen:

Als Reaktion auf Ihre Notiz über Star Light Mail in Warum
Engel fliegen können, *erhielt ich bis jetzt etwa zwölf Briefe.*
Jeden zweiten oder dritten Tag finde ich im Schließfach zwei wei-
tere Gebetsbitten. Man schreibt von überall aus den Staaten. Ich
bin sehr erstaunt darüber und komme mir ganz klein vor. An eini-
gen Tagen muß ich morgens um acht Uhr an meiner Arbeitsstelle
sein. Ich stehe daher eine Stunde früher auf, um mit den Engeln
über den Fürbitten zu beten. Ich fühle mich zur Zeit dadurch so
„aufgeladen". Es gleicht geistiger Gymnastik, „Engel Aero-
bics", wenn Sie so wollen. Wirklich wunderbar. Nochmals, vie-
len Dank, daß Sie Star Light Mail erwähnten.

(TLT: Die Star Light Mail Adresse lautet P.O.Box 4271,
Boulder, Co 80306.)

Christina L. Ross
North Carolina

Es scheint ein Engelmonat für mich zu sein. In der vergangenen Nacht geschah etwas, das ich mir nicht erklären kann. Vielleicht können Sie mir dabei helfen.

Etwa eine Stunde bevor ich zu Bett ging, beschäftigte ich mich mit etwas „Leichtem", um meinen Schlaf zu fördern. Ich arbeitete an einem Sammelalbum, das ich meinem Schutzengel Annabelle widmete. Sie zeigte sich mir einmal und ist wunderschön. Mit diesem Album wollte ich ihr danken. Es enthält Gedichte über Engel, Engelbilder, einige Zeilen, die ich über das „Namaste" schrieb sowie das Gebet zu St. Raphael, zusammen mit der Engelkarte, die Sie sandten. Es ist gut gelungen! Meine Töchter Katie und Amy lieben dieses Album und möchten auch eines zusammenstellen.

Auf den beiden letzten Seiten befindet sich ein Bild des Erzengels Uriel, des Ersten unter den Seraphim. Es ist ein Druck des Ölgemäldes ”Das Letzte Gericht", von Pietro Cavallini. Meine Eintragung hierzu lautet: „Zur Ehre des Erzengels URIEL, des Höchsten der Seraphim." Seine sechs Schwingen sind atemberaubend. Nachdem ich das Sammelalbum fertiggestellt hatte, ging ich zu Bett und schlief auf dem Bauch liegend ein. Mitten in der Nacht erwachte ich durch den stärksten Energie-„Stoß", den ich je erlebte. Ich meditiere häufig, und meine geistigen Führer schenken mir Energie und die „Klärung" meiner Wirbelsäule. Doch jenes Empfinden unterschied sich gewaltig von allem anderen. Wie ein Lichtpfeil traf es mich direkt im Rücken, ohne mir natürlich wehzutun. Ich hob den Kopf und sah das ganze Schlafzimmer in alabasterfarbiges, herrlich weißes Licht getaucht. Die Energie wanderte meine Wirbelsäule entlang, sowohl hinunter zum Steißbein als auch hinauf zum Schädel. Dieses Gefühl werde ich niemals vergessen. Haben Sie eine Vorstellung, was geschah? Mein erster Gedanke war, es ist ein Dank von Uriel, er hat meine Botschaft erhalten.

Isabel Victoria
Sohaven Retreat, Florida
Erster Brief

Das Sohaven Retreat liegt in den Hügeln von Florida und widmet sich ausschließlich dem Wirken der Engel und Devas. Unser sonntäglicher Heil- und Gebetskreis besteht nun seit zwei Jahren. Ich möchte Ihnen gerne von einigen wunderschönen Spielen berichten, die uns die Engel lehrten.

Engel-Diagramme: Sie ähneln der Engel-Post, die Sie in *Warum Engel fliegen können* beschrieben. Auf großen Bögen Kunstdruckpapier schreiben wir Dinge nieder, von denen wir uns innerlich befreien wollen. Dann zeichnen, malen oder klecksen wir einen Engel über jede Notiz und bitten diesen, sich der Sache anzunehmen. Anschließend verbrennen wir das Papier, so daß wir *wirklich* loslassen. Engel-Diagramme dienen ebenfalls dazu, anderen Menschen verschiedene Wünsche zu senden, wie Wohlstand, Heilung, Kreativität oder einfach „nur" Freude.

Wir wenden uns an den Engel der jeweiligen Person, so zum Beispiel: „An Alan Davids Engel". Daraufhin schreiben wir das, was diese Person benötigt, in der „Ich bin"-Form nieder: „Ich bin wohlhabend; ich bin kreativ" und so

weiter. Dann zeichnen wir einen, manchmal auch zwei
große oder viele kleine Engel, je nachdem, wie uns zumute
ist und verbrennen das Ganze unter Danksagungen. Da
wir für so viele andere Menschen ein Engel-Diagramm an-
fertigen, brauchen wir für uns selbst nur ganz selten eines
auszuführen. Außerdem macht es viel mehr Spaß, für andere zu arbeiten. Die sensitivsten Mitglieder unserer
Gruppe fühlen, wenn ein Diagramm für sie aufgestellt
wird, da, wie sie sagen, das plötzliche Empfinden tiefen
Friedens sie erfaßt, was sie lächeln läßt.

Einen anderen Vorgang, der uns viel Freude bereitet,
nennen wir *Energieverstärkung des Engel-Lichtringes.* Zwei
Gruppenteilnehmer stehen sich direkt gegenüber. Zunächst bitte ich darum, den Lichtring des höchsten Engels
meines Partners, zum Beispiel Alan, ausborgen zu dürfen.
Ich halte meine Hände solange über seinen Kopf, bis ich
den Lichtring hineingelegt fühle. Dann lasse ich diesen sich
ausdehnen, so daß er Alan vollständig umgibt. Ich ziehe
das Licht langsam vom Kopf, über die Schultern zum Boden hinunter. Stößt es auf eine Blockade, hält es inne, um
diese, wenn möglich, zu lösen. Danach fließt es weiter. Es
verlangsamt sich ebenfalls, wenn ein Bereich der Heilung
bedarf, was meistens für die Herzgegend zutrifft. Nachdem wir den Lichtring dreimal um die Person gezogen haben, plazieren wir ihn zurück auf deren Kopf und danken
dem Engel. Anwesende, die hellseherische Fähigkeiten besitzen, können den Farbwechsel während des Vorgangs beobachten. Wenn der Lichtring in unsere Hände gelegt
wird, strahlt er golden. Die dann am häufigsten auftreten-
den Farben weisen alle Violett- und Blauschattierungen,
durchbrochen von vereinzeltem Rosa und Orange, auf.
Wir vermuten, daß die menschliche Aura diese Farben be-

nötigt. Wir wechseln uns gegenseitig ab, um zu zeigen, daß *jeder* mit den Engeln arbeiten (spielen) kann.

Ich gehöre den Legionen Metatrons an, mein Partner Alan untersteht Michael. Wir plustern uns gegenseitig unsere eigenen Flügel sowie die der anderen auf, sofern sie stillhalten. Oh, fast hätte ich es vergessen! Wir wurden die Hirschflöhe auf unserem Grundstück los, indem wir ein Diagramm für ihre Devas anfertigten. Es bedurfte derer drei, doch es wirkte! Nun, das ist etwas, auf das Sie hinweisen können!

Zweiter Brief

In erster Linie geht es darum, die Schwingungen der Engel auszubreiten. Wir halten uns stets für Neues offen und geben jede neue Idee der Engel weiter!

In der vergangenen Woche machten sie einer unserer Heilerinnen ein wunderbares Geschenk. Auf dem Flohmarkt entdeckte sie eine Kordel mit zwölf winzigen Glokken, die sie nun über dem „Heiler" auf dem Tisch erklingen läßt. Wir hören die Engel kichernd hin- und herflattern. Bevor wir die Engel in unsere Arbeit einbezogen, pflegten wir, verbunden mit Heilung durch Handauflegen und Fernheilung, zehn Minuten lang zu beten oder zu meditieren. Nun brauchen wir dazu fünfzehn bis zwanzig Minuten, da immer einer in der Gruppe plötzlich in Lachen ausbricht, besonders dann, wenn ich die Leute bitte, mit ihren Engeln zu verschmelzen. Doch das erhöht mit Sicherheit die Schwingung!

Eines Abends kehrten mein Partner und ich todmüde heim, nachdem wir einen ganzen Tag lang nach Kristallen geschürft hatten. Alan bat mich um eine Massage, doch ich war einfach zu erschöpft. Daher betete ich zu Raphael, er möge sich meines Freundes annehmen. Am nächsten Morgen erwachte Alan ohne Muskelkater und erzählte, daß er von einer riesigen grünen Gestalt geträumt habe, die ihn aufhob und etwa eine Stunde lang an seinem ganzen Körper arbeitete. Traum? Ich konnte nur sagen: „Danke, Raphael!"

Aufgrund unserer Herkunft sind wir tatsächlich „Engel in der Ausbildung" (die erneut lernen). Bitten sie ihre Leute, ruhig dazusitzen und nach ihrem *Engel*namen zu fragen, damit sie diesen des öfteren zu friedlichem Einsatz benutzen können. Mein Name lautet Lil Lea Aiel. Es ist wesentlich, der ersten Eingebung zu trauen und sie niederzuschreiben. Nachdem man den Namen eine Weile gebraucht hat, mag man Fragen stellen, so zum Beispiel: „Was bedeutet er?" Ich glaube, wir alle benutzten diese Engelnamen in unserer ersten physischen Inkarnation. Sobald Mitglieder unserer Gruppe ihren Engelnamen erhalten haben, lassen wir sie ihre Vorstellung von einem Engel zeichnen und diesen Namen dazuschreiben. Diese Bilder hängen wir an eine dafür vorgesehene leere Wand in unserem Heilungsraum auf. Ja, sie gleicht dem Kühlschrank einer jungen Mutter, doch wir mögen es so!

Chris Cox
Maryland

Als Anschlagbrett für „Engel" und „Lebensplanung" dient mir eine große Korktafel (15x20). Mein Hauptengel hilft den anderen Engeln bei ihrer jeweiligen Aufgabe sowie der Verknüpfung ihrer Aktivitäten, um mein geistiges Vorwärtskommen zu unterstützen. Acht weitere Engeln habe ich eine Reihe von Lebensbereichen zugeordnet. Dazu gehören Heilung, Liebe, Dankbarkeit, Vergebung, positives Denken, geistiger Friede. Das Kapitel „Unsere unsichtbaren Führer" in Napoleon Hills Buch *Du kannst deine eigenen Wunder herbeiführen* brachte mich auf diese Idee. Er spricht von seinen „Acht Führungsprinzen", die ihm in seinem Leben beistanden. Ebenso wie die vielen erfolgreichen Menschen, die er zitiert, besitzt auch er seine eigenen Vorstellungen von der Natur dieser Führer. Aber das macht nichts! Es zählt nur, daß alle, die diesem System vertrauen, Hilfe erhalten können, falls sie eine solche Unterstützung dankbar annehmen.

Tina Ryan
Staten Island, New York

Vor vielen Monaten begann ich mit meiner, wie ich sie nenne, "Engelwand". Sie besteht aus einer Sammlung unterschiedlicher Engel, die ich in den zahlreichen Katalogen, die ins Haus flattern, finde. Es geht langsam vorwärts. Gerne betrachte ich meine Plakctten, Bilder und Statuen von Engeln. Kürzlich schenkte mir mein Enkelsohn eine Anstecknadel, die einen Engel darstellt. Meine Friseuse besitzt übrigens die gleiche Nadel, wie ich entdeckte. Es gibt viele Gleichgesinnte!

Tiffany Holmes

(TLT: Tiffany arbeitet als Astrologin und machte den einzigartigen Vorschlag, eine Engel-Konferenz in ganz besonderer Weise zu

gestalten. In Warum Engel fliegen können *spreche ich darüber.*
Bei dieser Methode wird die Hilfe der Engel angerufen, um be-
stimmte Themen der göttlichen Kraft zu übergeben. Man unter-
teilt einen auf Papier gezeichneten Kreis in einzelne Abschnitte
und ordnet sie den jeweiligen Fragen zu. Dann überträgt man ei-
nem Engel ein bestimmtes Problem und zieht eine "Engelkarte",
um Antwort und Einsicht zu erhalten, auf welche Weise dieses ge-
handhabt werden soll.)

Jene, die sich mit Astrologie beschäftigt haben, sind mit
der Struktur des Zwölf-Häuser-Kreises vertraut. Man
kann sie auf die Interpretation eines jeden Orakels mit
zwölf oder mehr Abschnitten anwenden. Der Kreis stellt,
ganz allgemein gesehen, ein Symbol der Vollständigkeit
dar. Die Form befriedigt, da sie alle Aspekte menschlicher
Erfahrung abdeckt. Die unterhalb stehenden Fragen weisen auf die von jedem Haus angesprochenen Themen hin,
sollten jedoch nicht übernommen werden, es sei denn, sie
entsprechen tatsächlich deiner Situation. Grundsätzlich
dienen sie lediglich als Hinweise, die umbenannt werden
können, um deine gegenwärtigen Umstände und Wünsche
zu reflektieren. Als weitere Anleitung zum Verständnis
und zur Benennung deiner Fragen folgt der für das Haus
stehenden Frage eine kurze Auflistung der (anderen) von
diesem Haus dargestellten Themen. Erwarte nicht, daß
alle den einzelnen Häusern zugeordneten Bedeutungen zu
einem bestimmten Zeitpunkt die gleiche Wichtigkeit für
dich besitzen. Für jedes Haus und jede Problemstellung
kannst du eine "Engelkarte" oder einen sonstigen Orakel-
spruch ziehen. Der traditionelle astrologische Kreis teilt
sich dem Zifferblatt gemäß in zwölf gleiche Abschnitte
auf. Neun Uhr steht für das erste Haus, acht Uhr für das
zweite und so weiter. Das zwölfte Haus entspricht zehn

Uhr. Die Fragen und dazugehörigen Themen für die einzelnen Häuser lauten:

1. Wie kann ich meinen Energiepegel und mein Allgemeinbefinden verbessern? Dazugehörige Themen sind: Selbst, Ego, Physis, Vitalität, Haltung, Temperament.

2. Wie kann ich meine Anlagen steigern und meine Zeit besser nutzen? Dazu gehören: Besitz, Geld, Einstellung zu Besitztümern sowie Handhabung der Zeit, des wertvollsten Besitzes überhaupt.

3. Wie kann ich meinen Intellekt, mein Denken und meine Schreibweise verbessern? Dazu gehören: mentale/erzieherische Entwicklung, Kurzreisen, Beziehungen zu Nachbarn, Verwandten zweiten Grades und Geschwistern.

4. Wie kann ich mein Zuhause verbessern? Dazu gehören: das Heim, Ausgangspunkt für Unternehmungen.

5. Wie kann ich mein Leben freudvoller gestalten? Dazu gehören: Risiken aller Art, einschließlich Liebe, Sex, Produktion, Börsenmarkt, Showgeschäft, allgemeine Kreativität, Vergnügungen, Ferien.

6. Wie kann ich meine Arbeitsdurchführung verbessern? Dazu gehören: Art und Weise der Pflichterfüllung, Beziehung zu Mitarbeitern und Untergebenen, Ernährung und Gesundheit, die Rolle der Störungen in unserem Leben.

7. Wie kann ich das bereits bestehende gute Verhältnis zu meinem Gefährten verbessern? Dazu gehören: Beziehung zu Gleichgestellten, Ehepartnern, Partnern, Mitarbeitern, Ratgebern, Klienten, Konkurrenten und offenen Feinden.

8. Auf welche Weise kann ich meine Schuldenabtragung

erhöhen und meine finanzielle Unabhängigkeit gewinnen? Dazu gehören: Schulden, materielle und moralische; Erwartungen von seiten anderer; Steuern und Hinterlassenschaften; Einstellung zum Tode; Errettung durch einen Engel in letzter Minute.

9. Wie kann ich meine Einstellung verbessern? Dazu gehören: philosophische/religiöse Glaubensinhalte, Fernreisen, öffentliche Zuständigkeiten, wie Medien und Gerichtshöfe.

10. Wie kann ich meine Karriere und mein Ansehen verbessern? Dazu gehören: Berufslaufbahn, Ehre oder Schande, die Meinung derjenigen, die uns nicht persönlich kennen.

11. Wie kann ich meine Freundschaften verbessern? Dazu gehören: Freunde, Bekannte, Einstellung zur Freundschaft, soziale Belange, Wünsche und Träume.

12. Wie kann ich meine Zeit bereichern, alleine, mit oder ohne meine Gefährten? Dazu gehören: Einsamkeit, Privatleben, Zurückgezogenheit, unbekannte Dinge.

Joanna Schohl
Wisconsin

Während ich im vergangenen Monat einer recht trockenen Predigt zuhörte, tauchte ganz klar der Gedanke in mir auf: „Widme den Engeln einen besonderen Abend." Meine Freundin und ich beschlossen, als Gastgeber eines spirituellen Treffens zu fungieren. Wir wählten den vierzehnten Dezember und luden etwa ein Dutzend Gäste ein, Freunde, von denen wir wußten, daß sie mehr über Engel erfahren wollten und die deren Gegenwart im Leben anerkannten.

Wir tauchten das Wohnzimmer in Kerzen- und Christ-baumlicht und schmückten es mit verschiedenen Engelbil-dern aus unserer Sammlung. Viele brachten, wie wir auf der Einladung gebeten hatten, ihren eigenen, besonderen Engel mit, um ihn in der Gruppe herumzureichen. Wir be-gannen mit dem Lied "Hark, the Herald Angels Sing" und nahmen uns dann Zeit für kurze Berichte über die einzel-nen mitgebrachten Engelbildnisse. Anschließend lasen wir einige Bibelstellen, die sich auf Engel bezogen, und spra-chen dann über Erfahrungen mit Engeln in der Kindheit und heute. Wir diskutierten ebenfalls die Rolle dieser We-senheiten in bezug auf die Menschen und deren geistige Entwicklung. Meine Freundin sprach dann über einige Ge-danken aus *Warum Engel fliegen können*. Nach dem Lied "Angels We Have Heard on High" folgte eine Gruppenme-ditation mit den "Engelkarten". Jeder zog eine Karte, nachdem er zuvor in Gedanken eine persönliche Frage/ Sorge formuliert hatte. Wir beendeten unser Treffen mit dem Gesang von Weihnachtsliedern. Ich muß hinzufügen, daß uns die Bewirtung bei Kerzenschein ebenfalls viel Spaß bereitete; kleine Köstlichkeiten, wie Weihnachts-punsch, schokoladenüberzogenes Biskuitgebäck, Plätz-chen in Gestalt eines Engels. Selbst die runden Kräcker gin-gen bei einigen Gästen als „Heiligenschein" durch.

Viele der Anwesenden erfüllte Friede und Heiterkeit an jenem Abend, wie sie uns berichteten. Am nächsten Mor-gen erwachte ich lächelnd, denn das Haus schien „mit En-geln vollgestopft" zu sein. Zahlreiche erfreute und fröhli-che Engelwesen waren an diesem friedvollen, geweihten Abend zugegen gewesen. Sie sprachen zu unseren Herzen in ihrer üblichen, spielerisch „unbeschwerten" Weise.

Terry Lynn Taylor

Ich freue mich jedesmal, wenn ich von Menschen höre, die eine Engel-Gruppe ins Leben rufen oder ein spezielles Treffen veranstalten, um diese Wesenheiten ihren Herzen näherzubringen. Auf die Anfrage, wie ich persönlich vorgehe, stellte ich rasch eine Liste mit Vorschlägen zusammen. Die Gruppe muß nicht groß sein, drei bis fünfzehn Teilnehmer sind gerade richtig. Eines meiner liebsten Treffen umfaßte acht Frauen, ich selbst eingeschlossen. Eine besondere Verbundenheit entwickelte sich zwischen uns, die ich teilweise auf die Tatsache zurückführe, daß erstens nur Frauen teilnahmen und zweitens die Zahl Acht die Unendlichkeit darstellt; ein Kreis endet nie. Doch alle Zusammenkünfte unter dem Thema Engel haben mir immer viel Freude bereitet, und Männer sind stets willkommen.

Zwei Dinge sollten bei einem derartigen Treffen beachtet werden. Einer der Hauptgründe, weshalb wir Zugang zu den Engeln finden können, liegt in der Erweckung des Christuslichtes in uns. Daher sollten wir Gott in Anerkennung unseres persönlichen geistigen Helfers danken. Nach Matthäus 18:19-20 spricht Jesus: „Wenn zwei unter euch gemeinsam den Vater im Himmel um etwas bitten, so wird es gegeben werden, denn wo zwei oder drei sich in meinem Namen versammeln, bin ich mitten unter ihnen." Sich zusammenzutun, ist ein sicherer Weg, die Engel anzuziehen. Es folgen einige zusätzliche Anregungen.

1. Achte darauf, daß einige weiße Kerzen brennen. Du kannst andere Farben wählen, doch es sollte zumindest eine weiße darunter sein. Wenn möglich, erfülle den Raum mit dem Duft natürlicher Blütenessenzen. Das

Abbrennen leichter Räucherstäbchen reinigt und klärt die Luft, was am besten vor Beginn des Gruppentreffens geschieht, für den Fall, daß jemand allergisch darauf reagiert. Schaffe ein Engel-Zentrum (Altar), geschmückt mit frischen Blumen, dem Bild oder der Figur eines Engels, anderen geweihten Dingen, die dich inspirieren, sowie einer brennenden Kerze.

2. Ich beginne meinen Vortrag über Engel stets mit der Bitte, die Zuhörer möchten sich für einige Augenblicke in einen halbmeditativen Zustand versenken und Bild, Vorstellung oder Visualisation eines Engels zulassen. Ich erkläre ihnen, daß sie ihren Geist frei und unvoreingenommen der Vorstellung von einem Engel hingeben sollen. Vielleicht erleben sie nur ein Gefühl, erhaschen ein Bild oder hören etwas. Gehe dann im Kreise herum (meine Leute sitzen immer im Kreis) und frage jeden einzelnen nach seiner Erfahrung. Diskutiere Gleichartiges und Unterschiedliches, Gefühle, Bilder und so fort.

3. Besprich neue Bücher über Engel, Artikel, die gelesen wurden und alle laufenden Neuigkeiten zu diesem Thema. Lasse die Gruppe teilhaben an Tagebuchideen, Gebeten, geistigen Hilfsmitteln, kreativen Inspirationen, die die Engel dir eingaben und auch anderen von Nutzen sein könnten.

4. Es liegt in der Natur der Sache, von seinen Erfahrungen mit Engeln, wann immer man sie machte, zu berichten. Das ergibt sich gewöhnlich von selbst.

5. Gewähre dem Fließen spontaner Ideen stets genügend Raum. Lasse dich von den Engeln leiten. Selbst wenn du ein bestimmtes Konzept vorbereitet hast, so führen sie dich vielleicht in eine andere Richtung. Hebe

nicht vorgebrachte Gedanken für andere Gelegenheiten auf.

6. Manchmal bedeutet ein solches Treffen nichts weiter als die Möglichkeit, persönliche Gefühle in bezug auf den eigenen geistigen Weg miteinander zu besprechen. Es erweist sich als hilfreich, eine Rückmeldung und Hilfe zu erhalten, wenn man in der Klemme sitzt. Sollte die Begegnung diesen Verlauf nehmen und die Gruppe offensichtlich nach solchen Stellungnahmen verlangen, dann erinnere jeden einzelnen daran, bedingungslose Annahme zu üben und erlaube den Engelführern der Anwesenden, diese gewünschten Aussagen zu fördern.

7. Bittet jemand aus der Gruppe um Unterstützung bei der Heilung eines Leidens oder einer negativen Eigenschaft, so lasse die Anwesenden sich bei der Hand fassen. Jeder möge dann seinen Schutzengel zur Unterstützung des Schutzengels der betreffenden Person anrufen, wenn dieser das Gotteslicht in ihr Leben oder den heilungsbedürftigen Bereich ergießt. Bitte alle Anwesenden, das Licht zu visualisieren und ihr Herz für die Schwingungen der Liebe aus dem Reich Gottes, dem Himmel, zu öffnen und auch die Heilung für sich selbst anzunehmen.

In der heutigen Zeit scheint es den Menschen schwerzufallen, regelmäßig an solchen Treffen teilzunehmen. Ich hoffe, das wird sich ändern. Wir brauchen einander bei unserem eigenen geistigen und persönlichen Wachstum.

Clara Utter
Norwich, New York
„Engel-Trainer"-Treffen

Wann: 7:00 Uhr, jeden zweiten Dienstagabend.

Thema: Spaß; Diskussion über Engel und Erlebnisse mit ihnen; Netzarbeit für andere Gruppen; Spiritualität.

Eröffnung: Vaterunser und Bitte an den Erzengel Michael um Schutz. Betrachtung der positiven Dinge, die sich jede Woche ereignen. Wie wir die Engel näher an uns heranziehen.

Schlußworte: „Ich glaube an Gott. Ich glaube an die Engel. Ich glaube, Engel sind Boten Gottes. Sie übermitteln unsere Gebete und Gottes Antworten für uns. Wir danken ihnen für ihr Bemühen um uns. Wir bitten Gott, jeden einzelnen von uns und ihnen in den kommenden Wochen zu segnen, damit wir uns erneut im Geiste der Freude versammeln mögen. Amen."

Mary F. Downey
Port Washington, New York

Es drängte mich, ein Gedicht für Sie zu schreiben, die Raphael-Karte direkt vor mir. Ich habe sie beigefügt und möchte auch gerne über ein Hilfsmittel beim Schreiben berichten. Angst und Selbstzweifel ließen mich meine erste Novelle für drei Jahre beiseite legen. Doch vor kurzem holte ich sie wieder hervor. Ich habe mir ein fröhliches Umfeld geschaffen, damit Freude in mein Schreiben einfließt. Auf meinem Schreibtisch stehen Blumen, kleine Engelfiguren, ein Amethyst-Kristall, und ich sprühe Blütenduft in den Raum. Ich trage einen geblümten Kimono anstelle des üblichen Pullovers. Auf diese Weise bin ich von Schönheit umgeben. Bevor ich mit dem Schreiben beginne, sage ich mit Louise Hay: „Ich bin ein offener Kanal für die mich durchströmenden göttlichen Ideen, und die Kreativität des Universums kommt nun durch mich zum Ausdruck. Mir wird offenbart, was ich wissen muß, und alles, dessen ich bedarf, wird mir gegeben werden. Göttlicher Schutz und göttliche Führung sind mir gewiß, und mein Weg ist geebnet." Diese Rituale eröffnen einen Raum für inspiriertes, freudiges Schreiben.

Für Raphael, an den Frühling, in Liebe
Die Erde rührte sich aus ihrem sanften, stillen Schlaf
Und erwachte, freudig ihre Blätterarme reckend,
Als Raphael ihr Herz mit grünen Graspfeilen durchbohrte.
Himmelfarbene Geister in Blumengestalt gesellten sich zum Tanze.

Engeldüfte liebkosen die Luft,
Und auch ich möchte lachen und spielen –
Einen lustigen Strohhut tragen, geschmückt mit Kirschen,
Grell rosafarbene Lidschatten auflegen,
Meinen Kleidersaum kürzen,
Ein wunderlicher Aprilnarr sein.

Geliebter Raphael, strahlender Geist des Frühlings,
Du gabst meiner Seele ein Lied zu singen,
Als die Glockenblumen blühten und Elfenblauvögel schlugen,
Flüsterte mein Herz: „Gott schenkte Heilung."

Lori Jean Flory
Colorado
Wo Engel tanzen

Fühle uns, sieh uns, höre uns, deine Schönheit widergeben,
Anmutig gleiten wir über das Wesen deiner Seele,
Denn wir sind du, und du bist wir.

Fühle uns, Ballettänzern deiner Liebe gleich, tanzen und bewegen.
Deine Seele ruht inmitten der Gelassenheit, der Anmut.
Fühle uns im Raume schweben.
Wir zausen dein Haar, berühren deine Ohren, tupfen einen Kuß auf dein Gesicht –
Wie eine Brise, die zart, liebevoll und mitfühlend deine Wange streift.

Tanze mit uns, bewege dich zur Musik,
Fühle deinen Lichtkörper und vergiß die physische Hülle.
Gleite, nur wir und du sind im Raum.
Sichtbar und unsichtbar.

Lasse deine Aura hell erstrahlen, deine Freude sprühen.
Improvisiere, und wir werden dich inspirieren auf deinem Weg.
Lasse deine Arme schwingen und deine Füße ihrem eigenen Wege folgen.
Du bist Musik. Du bist wir.

Fühle deine durchscheinenden Lichtgewänder wehen
und flattern beim Tanze.
Du bist das Geschenk. Nimm es an (dich).
Fühle das Haar deines Lichtkörpers wehen und glänzen.

Lasse uns dich emporheben und herumwirbeln,
Lasse deine Lichtgewänder anmutig flattern,
während du dich auf deiner eigenen Bühne bewegst.
Sanft werden wir dich bei der Hand nehmen,
um dich in deinem Ausdruck zu befreien und zu unterstützen.
Denn unermüdlich tanzen wir spielerisch um dich
herum, auf und ab.
Wir sind der Tanz der Freude, der Liebe.
Tanze mit uns und gehöre zu uns.
Lasse los.
– *Die Engel.*

Beverley Hale Watson
North Carolina
Schutzengel

Schutzengel, hoch oben am Firmament –
Gewähren himmlische Sicherheit.
Bei der Geburt uns zugeteilt,
Verweilen sie, bis wir die Erde verlassen.

Stets an unserer Seite,
verbleiben wir in ihrer Obhut.
Cherubim und Seraphim, man muß sie erfahren!
Doch völlig unsichtbar, für dich und mich.

Wenn Gefahr ihr häßliches Haupt erhebt,
Und du lebst…und bist dem Tod entronnen,
Preise die Engel in den Höhen,
Die dich sicher halten, bei Tag und bei Nacht.

Nichts sollst du befürchten,
Denn Gott lindert jede Not.
Mit Engeln, die über uns wachen,
Ihnen vertraute er unser Leben an.

Mechel Cisco
Georgia
Glitzernde Flügel

Süß und schläfrig steht die Nacht still.
Mondstrahlen fallen auf meinen Fenstersims.
Glitzernde Schwingen, ihr kommt herbei.
Mit einem Lächeln, wärmend, wie Frühlingstage.
Sanft und lieblich berührt ihr meine Wange,
Mit Fingerspitzen, leicht und zart, wie die Luft.
Auf kosmischem Staube niederkniend,
Flüstert ihr leise: „Oh, wie wirst du geliebt."
Dann fliegt ihr empor zu den Sternen.
Und ich erwarte das Ende eines neuen Tages.

Salanda (Sa-lawn-dah)
Oregon
Danke den Engeln für ihr Sein

Jeden Tag erkenne ich mehr,
Wie mein Herz mir immer wieder weist,

Daß ein Leben, gelebt ohne Vertrauen
Bald in wertlosem Roste enden wird.

Jeder Augenblick schenkt Gelegenheit
Zu wachsen, von der Engel Fröhlichkeit zu wissen.

Geduldig wartend, umgeben sie uns,
Während wir neuen Acker pflügen.

Göttliche Absicht bestimmt ihren Dienst;
Als Freunde werden sie uns nicht im Wege stehen.

Mit Genauigkeit begegnen sie jeder menschlichen Not,
Während wir mit dem Leben rechnen und es dann achten.

Es gibt Engel der Heilung und der Offenbarung,
So wie das Menschenherz verlangt.

Engel der Liebe passen sich dem Menschenherzen an
Und wirken täglich Wunder, so wie die Liebe sich ent-
hüllt.

Engel begleiten uns auf unserer Reise;
Ohne sie fehlt dem Leben die Heiterkeit.

Engel der Freude, des Gedeihens und der Sicherheit im
Überfluß,
Als Augenblicke, wo es Negativität nicht gibt.

Engel wirken zahllose Wunder,
Geleugnet von vielen.

Bist du in Not, brauchst einen aufmunternden Schubs.
Rufe die Engel.

Es gibt stets einen Engel,
Dem Sorgenvollen Gutes zu bringen, der Liebe Auf-
bruch.

Sie erwarten unseren aufrichtigen Ruf
Und wünschen uns ein standhaftes Herz.

Ich werde nicht müde werden, ihre Hilfe zu erflehen;
Denn ich weiß, ohne sie bleibt das Leben recht klein.

Allen Engeln unter uns sei Dank für ihr Sein,
Ihnen, die meine Seele nun frei durch die Ewigkeit ge-
leiten.

Carol C. Coyer
Wisconsin

Dieses Gedicht besitzt große Bedeutung für mich, und ich
möchte möglichst viele Menschen daran teilhaben lassen.
Außerdem bewegt mich eine ganz besondere Bitte an die
Engel. Mögen sich doch mehr Menschen der Notlage der

Obdachlosen und Hungernden unter uns bewußt werden.
Jeder von uns könnte in ihren Schuhen stecken.

Lichtengel

Ein Besucher kam in der Dunkelheit der Nacht,
Eine strahlende Gegenwart mit leuchtendem Antlitz.
Mit einer Stimme, glockenrein und hell,
Sprach sie mir von meiner Aufgabe auf Erden.

„Erwache aus deinen Träumen, du Schlafende,
Denn die Zeit ist kurz, und vieles zu tun.

Die Armen müssen bekleidet, die Hungernden gesättigt werden.
Mein Kind, erhebe dich aus deinem warmen, behaglichen Bett.

Gehe auf die Straßen und Gassen,
Dort, wo die obdachlosen Brüder ihre Tage verbringen.

Gib von deinem Besitz,
Hundertfach wird er dir zurückgegeben werden."

In schweigendem Gebet kniete sie an meinem Bette nieder,
Und ihre liebliche Gegenwart begann dahinzuschwinden.

Ich erhob mich mit gewandeltem Herzen,
Bereit und gewillt, meinen Beitrag zu leisten.

Renate Maria Bell
Lake Mary, Florida
Engel des Königreiches

Engel des Königreiches,
Hoch über unserer Welt,
Kreisen mit ausgebreiteten Flügeln,
In zuverlässiger Betreuung,
Treten an unsere Seite,
Unsere Füße auf dem Boden zu halten,
Unseren Frieden zu wahren,
Unser Wachstum zu leiten,
Dem Schwachen die Hand zu reichen.
So sind sie geschäftig am Werke
Und halten Ausschau nach Sieg,
An jedem Tag.
Es ist tröstend zu wissen,
Daß das Licht aus den Höhen
Auf uns herniederscheint,
Um unseren Lebensweg zu erhellen,
Mit Liebe und Fürsorge,
Die aus dem Kreis
leuchtend weißen Lichtes,
der gefühlten Gegenwart inmitten ihrer Aura, er-
strahlt.
Die Engel des Königreiches
Arbeiten an der Harmonisierung der Erde,
Und wir, die Schwächeren hier unten,
Sollten danksagen
Für ihre tägliche Unterstützung.

Barb Martin
Wisconsin

Außer einem Gedicht sende ich Ihnen meine beiden kurzen
Engelverse. Das bedeutet einen recht großen Anfang für
mich, ich meine, einfache Gedichte zu schicken. Aber ich
wollte Ihnen damit nur zeigen, wieviel „Engelhaftes" in
meinem Kopfe schwirrt.

Ein Engel nimmt mich bei der Hand an jedem Tag
Und führt mich fort, hinaus zum Spiel.
Er flüstert, und mein Verstand entflieht;
Ich weiß, was er sagt, ist „richtig".
Lachen erfüllt meine Seele dann;
Meine Träume, meine Wünsche, sind sein Ziel.
Er spricht, es werden keine Grenzen sein,
Wenn ich ihn nur heiße zu verweilen.

Eine Bürde lag auf meinem Leben,
Denken und Tun verwickelt im Kampfe.
Ich schätzte und wägte all mein Leid
In tiefer Verzweiflung und Ausweglosigkeit.
Da plötzlich spürte ich ihre Berührung,
Und eine Stimme sprach: „Du wirst so geliebt."
Sie lehrte mich meinen Wert,
Samen der Heiterkeit geschickt in mich senkend.
Mein Geist erhob sich mit jedem neuen Tag,
Und schließlich lernte ich zu spielen.
Im Spiele dann, „fühlte" ich zwei mehr,
Und größere Freude erfaßte mein Sein.
Die Engel verkündeten, sie seien gekommen,
als Antwort auf mein inniges Gebet.

Ich brauchte nur zu fragen,
und sie stünden mir bei.
Mein Leid wandelte sich in Liebe
Durch den Segen der Engel.

Heute

Himmlischer Vater, ich bitte dich um Hilfe,
Meine „Gedankenstufen" am heutigen Tage zu leiten.
Schenke mir Lachen, Freude und Mitgefühl,
Während ich den neuen Tag durchschreite.
Lasse mich in allen Dingen *deine* Nähe sehen,
Daß ich mit jedem Atemzug deinen Segen empfange
Und *dich* in jedem Ton vernehme.
Umgib mich mit Engeln, vom Morgen bis zum
Abend,
Die mich jeden Schritt auf dem Wege lehren,
Um zu erkennen, daß jedes Geschehen vom Himmel
gesandt,
Und ich mit dir durch diesen Tag gewandert bin.

Alonzo Leon Rhames
Arizona
Manchmal

Zwischen Mond und Sonne gibt es einen Raum,
Unberührt –
Einen Raum, in dem Herz und Geist geboren werden,
Nicht behindert von des Menschen Kleinheit, Besitz-
gier,
Angst und Vorurteil.

An diesem Ort sind alle Menschen eins,
Ihr Licht ist das der Sterne,
Ihre Wärme
Die Himmel um sie.
Ihre Herzen verschmelzen,
Ihr Geist bewegt sich frei.
Alle Dinge leben in dem Licht, das die Liebe ist,
Seine Energie, Verstehen.
Zeit bewegt sich hier nicht, existiert nicht.
Es ist der Ort unserer Träume.
Es ist der Ort unserer Träume.